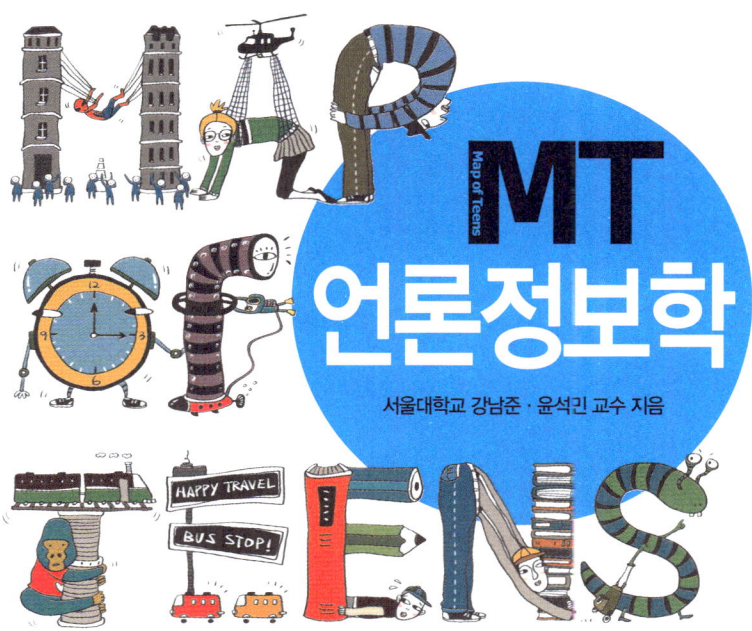

MT 언론정보학

서울대학교 강남준 · 윤석긴 교수 지음

청어람장서가

시리즈를 발간하며

대학입시에 대한 관심이 우리나라처럼 높은 곳도 없을 것이다. 하지만 대학에 대한 많은 관심에도 불구하고, 막상 대학에 가서 무엇을 배우는지에 대해서는 학생과 학부모 모두 구체적으로 모르고 있는 것 같다. 이는 대학교육의 실질적 내용보다는 대학졸업장 취득여부에만 큰 관심을 기울이는 세태의 반영일 수도 있지만, '대학 가는 것' 을 인생의 중요한 목표로 삼고 있는 중·고등학생들에게 대학의 교육내용을 쉽고 친절하게 설명해 주는 자료가 없었기 때문일 것이다.

〈나의 미래 공부〉시리즈 Map of Teens는 중·고등학생들의 후회 없는 선택과 성공적인 공부를 위해 기획되었다. 자신의 삶을 크게 테두리 지을 대학의 각 분야별 공부가 구체적으로 어떤 것인지 스스로 읽고 판단하는 데 도움이 될 것이다. 이것이 내가 정말로 하고 싶은 것인지, 잘 할 수 있을 것인지를 스스로 또는 부모님, 선생님과 함께 고민하고 결정할 수 있게 만들어 줄 것이다. 아직 자신의 적성을 모른다면, 이 시리즈에 포함된 다양한 공부의 길들을 비교해보면서 역으로 자신의 흥미와 열정을 발견

할 수도 있을 것이다.

대학의 다양한 학문들이 무엇을 배우고 연구하는지를 아는 것은 단지 '나의 선택'만을 위해 중요한 것은 아니다. 사회의 다른 구성원들이 무엇을 공부하는지 아는 것도 매우 중요한 일이다. 사회의 범위가 지구촌으로 확대되고 있는 지금, 나의 이웃들이 무엇에 관심을 가지고 공부하고 있는가를 아는 것은 우리 모두의 공동 번영을 위해 필수적일 수밖에 없다. 이런 경향을 반영하듯 각 학문들은 서로의 분야를 넘나들며 융합되고 있고, 대학에서 한 가지 전공만을 공부한다는 것은 이제 지난날의 일이 되었다. 사회에서 요구하는 인재상도 멀티플전공으로 바뀌고 있다. 우리가 자신만의 전문성을 가지되 다양하고 폭넓은 공부를 해야 되는 이유가 여기에 있다.

〈나의 미래 공부〉시리즈 Map of Teens는 이러한 시대적 요청에 충실하면서도, 수많은 학문들의 내용을 자세히 들여다 볼 시간이 없는 독자들을 위해 각 분야의 핵심을 한눈에 알아볼 수 있도록 요약하려고 노력하였다. 여기에는 각 해당 분야 전공자들의 많은 노력이 숨어 있다. 오랜 시간 축적돼온 각 학문의 내용들과 새롭게 추가되는 연구 성과들을 가능하면 우리 실생활과 연관시켜 쉽고 재미있게 설명하기 위해 고심한 필자들의 노고에 감사드린다. 이 시리즈가 중·고등학생들이 미래를 찾아가는 학문 여행에 꼭 필요한 지도가 되길 바라며, '나만의 미래 공부'를 찾아 여행을 떠나보자.

시리즈 기획위

인문계열

국문학 | 영문학 | 중문학 | 일문학 |
문헌정보학 | 문화학 | 종교학 | 철학 |
역사학 | 문예창작학

Map of Teens

여행을 떠나기 전 학과 지도를 펼쳐보자

세상은 넓고 학과는 많다.
학과에 대한 호기심과 나에 대해 알아보려는 의지만 있으면 여행 준비 끝!
자, 이제부터 나의 미래를 찾기 위해 힘차게 떠나보자!
놀라운 학과 세계와 지적 모험이 여러분을 기다리고 있을 것이다.

사회계열

심리학 | 언론홍보학 | 정치외교학 | 사회학 | 행정학 | 사회복지학 | 부동산학 |
경영학 | 경제학 | 관광학 | 무역학 | 법학 | 행정학

예체능계열

영화학 | 음악학 | 디자인학 | 사진학 |
무용학 | 조형학 | 공예학 | 체육학

교육계열

교육학 | 교육공학 | 유아교육학 | 특수교
육학 | 초등교육학 | 언어교육학 | 사회교육
학 | 공학교육학 | 예체능교육학

공학계열

생명공학 | 기계공학 | 전기
공학 | 컴퓨터공학 | 신소재
공학 | 항공우주공학 | 건축
학 | 조경학 | 토목공학 | 제
어계측학 | 자동차학 | 안경
광학 | 에너지공학 | 환경공
학 | 화학공학

의약계열

의학 | 한의학 | 약학 | 수의학 | 치의학 | 간
호학 | 보건학 | 재활학

물리학 | 화학 | 천문학 | 수학 | 통계학 | 식품
영양학 | 의류학 | 지리학 | 생명과학 | 환경과
학 | 원예학

자연계열

세계지도를 품고 뛰는 가슴으로
살고 싶은 이들이여! 언론정보학과로 오라

전공이 언론정보학이라고 하면 아직도 머리를 갸우뚱거리는 이들이 있다. "예전엔 신문방송학으로 불렸다"라고 하면 그제야 "아!" 하는 반응을 보인다. 그리고 10명 중 6~7명은 이렇게 묻는다. 거기 나오면 "PD, 기자, 아나운서가 되는 거예요?"

신문방송학이라는 이름은 이제 낡은 학과명이 되어버렸다. 1년이 멀다하고 새로운 매체들이 속속들이 등장하고 있다. 인터넷은 전 세계를 연결시켜 놓았고, 손 안의 DMB 덕분에 드라마 시간에 맞춰 집에 뛰어 들어가는 수고를 하지 않아도 된다.

언론정보학이라는 학문은 미디어에 대한 이해는 물론 커뮤니케이션과 관련된 것들을 폭넓게 배우는 학문이다. 그 역사가 비록 짧을진 모르지만 그 어떤 인문사회과학 분야보다도 급속하게 성장하고 제도화된 학문 분야이며, 우수한 학생들이 가장 선호하는 전공 분야 중 하나이다. 대학에서는 흥미로운 제목의 교과들이 다양한 세부전공의 커리큘럼을 채우고 있고, 커뮤니케이션 관련 교과목 중 상당수가 넘쳐나는 수강생 관리에 몸

살을 앓을 정도다.

이렇듯 언론정보학이 인기 있는 학문임에는 틀림없지만 무조건 언론정보학을 권하고 싶진 않다. 우선 '좋아하고 잘하는 것'을 선택하라고 말하고 싶다. 학과에 대한 환상으로 전공을 선택한다면 고달픈 대학 생활을 보내게 될 것이다. 이러한 충고에도 불구하고 언론정보학과에 오고자 하는 학생들이라면 이론과 실습이 모두 중요한 학문이니만큼 다른 과 학생들보다 더 많은 시간과 노력을 학과 공부에 투자할 각오를 해야 할 것이다.

언론정보학과를 졸업하고 매체 관련 직종에서 일하는 것이 겉으로는 멋있어 보일지 모르겠지만, 안락한 삶과는 거리가 멀 수도 있다. 생활 패턴도 불규칙하고 잠도 제대로 못 자고 끼니를 거를 때도 많다. 하지만 열정적으로 세상을 살아보고 싶다면 언론정보학과가 적성에 맞을 것이다. 사회, 문화, 정치 등 다방면에 관심이 많고 풍요로운 삶을 살고 싶은 이들이라면 이 전공이 딱일 것이다.

이 글을 읽으면서 "혹시 나?"라고 생각하는 이들은 언론정보학편을 꼼꼼히 읽어보길. 언론정보학과에서 배우는 다양하고 방대한 내용을 선별하고 요약하는 과정에 부족함이 없진 않다. 이 점에 대해서는 다른 교수님들께서도 넓은 아량으로 이해해 주시리라 믿는다. 또한 이 책을 쓰는 데 많은 도움을 준 서울대학교 대학원 언론정보학과 이호현 학생에게도 고마움을 전한다.

저자 강남준, 윤석민

CONTENTS

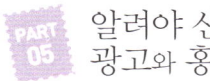

World My Dream

WELCOM

Let's Play!

교수님과 함께 떠나는
언론정보학 여행

세계지도를 펼쳐 우리나라를 찾아보자. 우리나라는 거대한 유라시아 대륙 끄트머리에 붙어있는 조그마한 반도, 그것도 남과 북으로 갈린 별 볼일 없는 그래서 희미한 등불 정도로밖에 보이지 않는다. 하지만 휴대전화나 인터넷 같은 새로운 '정보세계지도'로 본 우리나라는 상대적 위치가 세계 최상위권에 속한다. 이미 무역량이나 경제규모도 세계 10~15위권 안에 들지만 인터넷, 휴대전화, 초고속 통신망, 개인용 PC 보급률 등 정보화시대 국가 역량을 평가하는 주요 지표에서는 대부분 세계 5위 안에 드는 강대국이다. 정보화시대의 관점에서 우리나라는 이미 세계일류국가인 것이다.

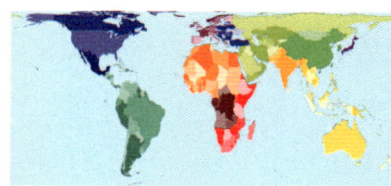

땅덩어리 비율로 본 세계지도

인터넷 가입자 비율로 본 세계지도

휴대전화 가입자 비율로 본 세계지도

텔레비전 세트 수로 본 세계지도

여행의 첫 걸음,
언론정보학 안내서

일반적으로 자연과학 분야는 자연현상을 연구대상으로 삼는 반면, 사회과학 분야는 사람이 서로 부대끼며 살아가는 사회의 여러 현상을 탐구대상으로 한다. 이러한 사회과학의 연구영역 중 정보의 전달과 소통에 대한 분야를 집중적으로 연구하는 학문이 바로 언론정보학이다. 신문방송학이란 이름은 조금은 낡은 명칭으로 신문이나 방송과 같은 대중매체가 사회 전체의 정보공급과 유통에서 중요한 지위를 차지했던 시기에 붙여진 이름이다. 최근에는 다양하고 새로운 정보 전달매체들이 속속 등장하고 있어 대학의 신문방송학과가 언론정보학과로 명칭이 바뀌고 있다.

언론정보학은 인간의 모든 정보소통행위를 다룬다. 이것을 커뮤니케이션이라고 하는데 상황에 따라 여러 종류로 구분된다. 사람과 사람이 서로 마주 보고 대화하는 면대면 커뮤니케이션, 사람과 집단 간 또는 집단과 집단 간 벌어지는 집단 커뮤니케이션, 신문과 방송 같은 대중매체를 통해 소통되는 대중 커뮤니케이션, 이 모두가 언론 정보학의 연구영역이다.

예를 들어 면대면 커뮤니케이션에서는 일대일 대화상황에서 어떻게 하면 상대방을 잘 설득할 수 있을까 하는 전략을 연구하고, 집단 커뮤니케이션에서는 조직이나 회사 내 구성원들 사이에 어떠한 커뮤니케이션 행태가 벌어지며 또 이것이 회사의 발전에 어떤 도움이 될 것인지 등에 대해 분석한다.

대중 커뮤니케이션 영역에서는 어떤 광고 모델을 써야 제품이미지를 잘 살릴 수 있는지, 텔레비전을 통한 후보자의 정치연설이나 토론 등은 투표자들의 후보자 지지태도를 바꿀 수 있는지 등에 대해 연구한다.

언론정보학에서 다루는 커뮤니케이션 소통행위의 핵심 주체는 소통의 당사자인 정보의 전달자 그리고 이것을 받아들이는 정보의 수용자가 된다. 다음으로 전달자와 수용자의 가운데에서 정보를 실어주는 전달체, 즉 매개체 줄여서 매체가 있다.

또한 전달자 → 매체 → 수용자 단계의 커뮤니케이션 소통체계가 갖추어졌더라도 매체에 담아 전달자에서 수용자로 보내는 무엇이 없다면 아무런 소용이 없다. 이 '무엇' 이 바로 신문의 기사나 방송의 프로그램과 같은 메시지다. 이것을 최근에는 좀 더 넓은 개념으로 콘텐츠(contents) 또는 정보(information)라고 부른다.

메시지나 정보를 전달매체를 통해 보냈다고 하더라도 전달자와 수용

자가 전혀 다른 언어를 사용한다면 커뮤니케이션 소통은 이루어지지 않는다. 말하는 사람은 러시아어를 쓰는데 듣는 사람은 한국어와 영어만 알아듣는다면 아무리 커뮤니케이션 시스템이 완벽하게 갖추어졌더라도 이 두 사람 사이에 메시지나 정보의 전달현상은 나타나지 않는다. 듣는 사람이 러시아어를 알아듣는다고 해도 그 수준의 정도가 문제된다. 겨우 단어의 뜻 정도만을 이해하는 수준이라면 문화적, 관습적 의미가 들어있는 문장이나 말이 지닌 깊은 의미가 제대로 전달되지 않을 것이다. 그래서 커뮤니케이션 연구에서는 전달자와 수용자 사이의 메시지 구성, 해석체계는 어떻게 다르며 이 차이가 가져오는 소통의 차이는 어떠한지 등을 분석할 필요가 있다.

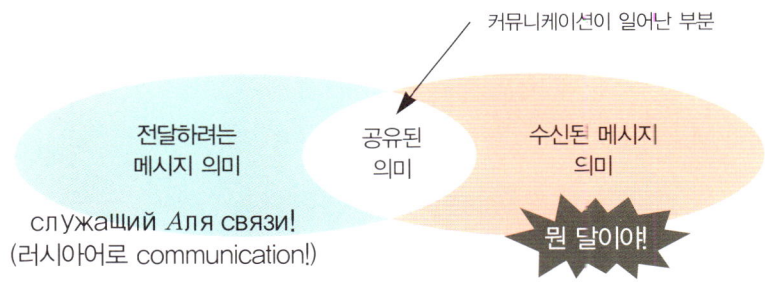

커뮤니케이션이 일어난 부분

전달하려는 메시지 의미 / 공유된 의미 / 수신된 메시지 의미

служащий Для связи!
(러시아어로 communication!)

뭔 달이야!

커뮤니케이션 소통행위를 완전하게 이해하기 위해서는 메시지나 정보를 전달하는 전달매체의 특성을 잘 알아야 한다. 초창기에는 전달매체가 음성, 언어, 손짓, 발짓밖에 없었다. 그 후 문자를 발명하게 되면서 다양한 전달매체가 나타나게 됐다. 처음에는 무거운 석판이나 진흙으로 만든 점토판을 사용하다가 가벼운 파피루스, 양피지, 종이 등을 사용해 메시지를 전달하고 보관하였다. 그리고 과학기술이 발전하면서 다양한 매체가 등장했는데 이것이 바로 20세기에 나타난 영화, 방송(라디오와 TV), 인터넷 등이다. 이렇게 다양한 매체는 자체의 고유한 특성으로 인해 전달하고자 하는 메시지의 형태나 내용이 변할 수 있다.

예를 들어, 만화 〈궁〉을 TV드라마로 만들었을 때 만화에서 보여주었던 여러 내용과 주인공의 속성 등이 달라졌다. 이것을 다시 영화로 만든다고 하면 영화가 갖는 매체적 특성으로 인해 또다시 바뀔 것이다. 따라서 전달매체의 특성을 아는 것은 커뮤니케이션 소통행위를 이해하는 데 필요한 또 하나의 요소가 된다.

즉, 전달자, 수용자, 메시지 또는 정보, 메시지 구성과 해석체계, 전달매체 특성, 그리고 이러한 행위가 일어나는 사회적 상황 등을 모두 알아야 커뮤니케이션 소통행위가 제대로 일어났는지를 판단할 수 있다. 다음 그림은 이러한 커뮤니케이션체계를 잘 나타내준다.

커뮤니케이션 상황

커뮤니케이션 소통행위 단계가 여러 다양한 커뮤니케이션 상황, 즉 일대일, 집단, 대중 커뮤니케이션 상황에서 어떻게 작용하는지를 세부적으로 분석하는 것이 바로 언론정보학의 학문적 연구영역이다.

최근 급변하는 매체환경 변화와 더불어 전통적인 신문, 방송, 인쇄매체 간의 벽이 허물어진 것은 물론 새로운 매체가 끊임없이 쏟아져 나오고 있다. 이로 인해 커뮤니케이션 현상 또한 정신을 차리지 못할 만큼 빠른 속도로 변화하고 있다. DMB방송만 보아도 그렇다. 겉으로 보면 꼭 일반방송 같지만 사실은 이동성에 따른 여러 다양한 기능을 사용할 수 있고, 또 휴대전화가 갖는 쌍방향적 통신기능도 포함하고 있다.

처음에 지도를 몇 장 보여주었다. 우리나라의 땅덩어리 크기는 작지만, 정보세계지도로는 5대 강국 안에 든다.

정보는 커뮤니케이션 소통행위의 가장 핵심적 요소다. 인류가 최초로 자신들이 생각하는 것을 전달하는 데 사용한 것이 언어였다. 여기서 '전달하고자 하는 생각'이 책, 신문, 방송과 같은 대중매체에 의해 옮겨질 때 우리는 이것을 메시지라고 불렀다. 디지털, 컴퓨터 기술의 발전에 의해 전달매체의 영역이 최근 크게 확장되었고, 발달된 매체에 의해 전달되는 것이 바로 정보라는 개념으로 변화도었다. 근본적으로는 주변에 자기의 생각을 처음으로 전달하려고 했던 최초의 사람(유인원)이 머릿속에 그렸던 이미지도 현재 용어로 말하자면 정코라고 부를 수 있다. 기존의 신문방송학과에서 연구했던 메시지에 대한 커뮤니케이션 현상은 정보 커뮤니케이션 현상과 같다고 볼 수 있고, 이에 따라 많은 대학의 신문방송학과가 명칭을 언론정보학과로 바꾸고 있는 것이다.

대학에서의 학과 교육에는 두 가지 목적이 있다. 하나는 학과의 영역을 학문적, 학술적 연구대상으로 삼아 인류문명을 발전시키려는 것이고, 다른 하나는 사회에서 필요한 직업인을 기르는 것이다. 학술적이든 직업인 양성이든 간에 대상영역이 넓고 세계적으로 위상이 높으면 말 그대로 '전망' 있는 곳이 된다. 최근의 추세는 어느 분야를 막론하고 세계화가 중심단어다.

언론정보학 전공보다 더 안락하고 풍요로운 삶을 보장하는 전공, 소위 말하는 인기전공들은 많이 있다. 하지만 자세히 들여다보면 대부분 우물 안 개구리 형태에 머물러 있다. 우리나라에서는 뽐내지만 상대적으로 세계적 위상이 그다지 높지 않은 것이다.

'세계는 넓고 할 일도 많은' 세대의 주된 활동무대는 우리나라가 아닌 세계가 될 것이다. 그렇다면 어디를 가든지 강대국 사람 취급받는 분야에 종사하는 것이 더 좋지 않을까? 정보세계지도에서 볼 때 이미 5대 강국인 우리나라의 정보소통 현상을 연구하고 발전시키는 것이 주목적인 언론정보학과는 세계를 무대로 먼 미래를 바라보는 청소년들에게 최상의 전공이 될 여건을 충분히 갖추었다.

심심했던 유인원의 생각에서
시작된 문명의 발달

슈트라우스의 웅장한 《차라투스트라는 이렇게 말했다》라는 음악과
함께 시작하는 큐브릭 감독의 고전 SF영화 『2001 스페이스 오디세
이』에 동료들과 떨어져 앉아있던 유인원이 주변에 흩어져 있는 동물
의 뼈를 보며 생각에 잠기는 장면이 나온다. 그는 긴 뼈를 무기로 쓸
수 있다는 생각을 하게 되고 동물의 정강이뼈를 집어 들어 다른 뼈들
을 부수기 시작한다. 이것이 인류문명 진화의 시초라고 영화는 암시
하고 있다. 다음 날 그 장소에 까만 직사각형의 물체가 새롭게 나타나
는데 이것이 인류의 생각, 즉 정보가 담겨져 있는 전달체라는 것이다.
다음 장면에서는 이 물체가 미래의 우주선 탐험 현장으로 날아간다.
큐브릭 감독은 이 장면을 통해 인류문명의 기원이 조그마한 하나의
생각에서 시작했고, 이것을 저장하고 전달하는 과정을 통해 문명이
발달해왔다는 것을 짧지만 웅변적인 영상으로 보여주었다.

멋진 언론인이 되고 싶다면 도전하라!

이런저런 기회에 고등학생 심지어는 초등학생에게서 "선생님! 기자나 PD가 되고 싶은데 언론정보학과를 가려면 어떻게 해야 돼요?"라는 질문을 받는다. 이때마다 내가 해주는 말은 "공부 잘하고 수능 잘봐야 한다"이다. 요즈음 커뮤니케이션 분야는 직종을 막론하고 인기가 있다. 방송사와 신문사 입사시험은 소위 '언론고시'가 되어 학생들은 머리를 싸매고 대학 고시반에서 공부한다. 왜 이렇게 매체 관련 직업이 인기가 있는 것일까?

기자, PD, 영화감독, 광고제작자 등 매체 종사자들에게서는 『스타워즈』시리즈에 나오는 제다이 기사단의 포스가 느껴진다. "이런 점이 문제입니다"라는 뉴스기사 때문에 얼렁뚱땅 넘어갈 뻔한 미국과의 소고기 협상에 온 국민이 분노하게 되고, 수백만 시청자가 예능PD가 '웃어라' 하면 웃고, 드라마PD가 '울어라' 하면 운다. 이것도 그냥 어쩌다 한두 번이 아니고 1주일마다 때에 따라서는 1~2년씩 매주 웃으

라면 웃고 울라면 운다. 또 좋은 영화를 만들면
1,000만 명이 넘게 영화관에까지 굳이 가서 줄
서가며 표를 구해 기다리고 같이 감동하고, 흥
분하며, 웃고 울어준다. 또한 20초도 채 안 되
는 광고 메시지 하나로 수백만 명이 휴대전화를
바꾸고, 안 먹던 아이스크림을 사먹고 청량음료
를 마신다. 이러한 현상이 모두 한참 있다 나
타나거나 2~3단계를 거쳐 천천히 나타나는 게

기자, PD, 영화감독, 광고제
작자 등 매체 종사자들에게
서는 「스타워즈」 시리즈에
나오는 제다이 기사단의 포
스가 느껴진다.

아니라 바로 즉시 알 수 있게 빠르고 눈으로 볼 수 있을 만큼 확실하게
나타난다. 그래서 이러한 포스를 갖는 것에 많은 젊은이들이 열광해
언론매체 관련 직업이 인기직종이 되었고, 덩달아 언론정보학과도 인
기학과가 된 것이다.

언론정보학과는 앞에서 설명한대로 인간의 커뮤니커이션 소통행위를
연구하고 가르치는 곳이다. 커뮤니케이션이라는 현상은 공기나 물과
같이 인간 주위에 늘 존재하는 것이기 때문에 이러한 현상을 공부하
기 위해 어떤 특별한 자격이나 적성이 요구되지는 않는다. 누구나 와
서 공부할 수 있다. 그렇다면 '포스'를 지닌 매체 종사자가 되기 위해
서는 어떠한 적성을 갖춰야 할까? 한번 살펴보자.

글쓰기는 기본!

신문기자이건, 방송PD건, 영화감독이건, 광고제작자이건 간에 공통적으로 요구되는 것은 글쓰기 능력이다. 일반적으로 신문이나 잡지 종사자들이 글을 잘 써야 한다는 것은 쉽게 이해되지만 영상으로 승부하는 방송PD나 영화감독도 글을 잘 써야 한다는 것에 대해서는 이해가 잘 안 될 것이다. 하지만 영화나 TV의 최종 표현물이 영상형태라고 해도 제작과정의 시작은 시나리오나 대본이다. 따라서 좋은 영상을 만들기 위해서는 좋은 시나리오나 대본이 있어야 하며, 영화감독과 방송PD는 이에 대한 판단을 하기 위해 좋은 글쓰기 경험을 갖고 있어야 한다.

걸어 다니는 백과사전이 되라!

좋은 글을 쓰거나 판단할 수 있기 위해서는 많이 읽어야 한다. 즉, "아는 만큼 보인다"는 것이다. "아는 만큼 보인다"라는 말은 매체에서 일하길 꿈꾸는 사람들에게는 철칙과도 같은 말이다. 아는 게 많아야 글도 잘 나오고, 잘 읽어서 판단할 수 있고, 영상도 멋지게 만든다. 그래서 대부분의 신문사, 방송사들이 입사시험을 통해 일반상식이 얼마나 있는지를 평가한다. 신문은 대통령의 정치적 행위, 사람들의 패션, 주말 여행지는 물론 첨단 과학기술에 대한 설명까지 모든 분야를 다룬다. 방송도 마찬가지다.

전문 분야에 대한 모든 지식을 알 필요는 없지만 다방면에 해박한 지

식을 갖고 있으면 신문이나 방송에서 일하는 데 큰 도움이 된다. 주어진 정보나 여건에만 의존해 기사를 작성하거나 프로그램을 만든다면 다른 것과 비슷하거나 정형화된 프로그램밖에 못 만들 것이다.

창의력, 매체 종사자들의 필살기!

사건 현장에 가면 거의 모든 신문, 방송사에서 기자들이 나와 같은 취재원에게 유사한 정보를 얻는다. 이때 새로운 관점으로 사건을 해석하고 다른 취재원에게 추가정보를 얻어 기사를 작성하면 이것이 바로 특종이 되는 것이다. 방송 프로그램 제작도 마찬가지다. 프로그램 제작자인 PD들에게 가장 필요한 능력은 창의력이다. 하지만 창의력은 훈련으로 길러지는 것은 아니다. 많은 경험과 노력이 방대한 지식과 시너지 효과를 이루어 만들어지는 것이다.

99%의 끈기와 열정으로!

신문이나 방송매체에 종사하는 사람들에게 필요한 또 다른 덕목은 끈기와 열정이다. 이 두 가지가 없으면 좋은 기자나 FD가 될 수 없다. 우리가 그냥 간단하게 읽는 기사, 편안하게 누워서 보는 TV프로그램에는 그것을 쓰거나 만든 기자와 PD의 땀과 눈물이 서려있다. 검찰에 소환된 거물 정치인이나 재벌 총수가 언제 조사를 마치고 귀가할지 몰라 조사실 문 앞에서 화장실도 못 가면서 밤새도록 10~20시간을 꼼짝 않고 기다려야 하고, 그냥 걷기도 힘든 고산 절벽지대에서 카메라에 눈을 대고 등반대원을 쫓아가야 한다. 다큐멘터리의 경우 언제 나타날지도 모르는 희귀종 철새를 찍기 위해 위장한 채 10일이고 20일 이고 한자리에서 숙식을 해결하면서 기다린다. 그냥 우리가 "와, 멋있는 장면이네"라고 감탄하는 영상의 뒷면에는 이러한 끈기와 노력이 배어 있는 것이다.

드라마의 경우에도 PD의 맘에 드는 장면을 찍기 위해 사막에서건, 폭풍이 휘몰아치는 벌판에서건 두 번이고 세 번이고 다시 찍어야 한다. 한 줄의 기사를 위해, 10초의 장면을 위해, 10시간 아니 10일을 그대로 바칠 수 있는 끈기와 노력이 없으면 특종이나 대박 프로그램을 만들지 못할 것이다.

올바른 언론권력을 누릴 수 있는 마음

마지막으로 필요한 것이 사람들에게 따뜻한 눈길을 줄 수 있는 마음가짐이다. 매체 종사자들은 한 번에 수백만 명을 웃기고, 울릴 수 있으며 불의를 지목해 나라를 발칵 뒤집어놓을 수 있는 포스를 가지고 있다. 이 경우 까딱 잘못하던 오만과 독선에 빠지게 된다. 『스타워즈』에서 악당 '다스 베이더'가 빠졌던 '다크 사이드'의 포스가 작용하게 된다는 것이다. 그래서 언론매체가 휘두르는 잘못된 힘을 언론권력이라고 하며 정치권력, 재벌권력과 함께 끊임없이 감시하고 견제해야 할 대상으로 여긴다.

오만과 독선에 빠지지 않기 위해서는 따뜻한 애정으로 사람을 대하는

마음가짐이 있어야 한다. 특히 소외되고 힘없는 사람들의 편에 서서 이들에 대한 편견을 바로잡아주고, 이들이 사회적으로 정당한 대우를 받을 수 있도록 애쓰는 마음이 따뜻한 사람이어야 한다. 사회적으로 커다란 반향을 일으켰던 기사나 많은 사람의 입에 오르내렸던 방송 프로그램을 보면 모두 약자의 편에 서서 강자의 부당한 처사를 고발하는 취지로 만들어진 것들이 많았다.

종합하면 언론정보학과에 들어오는 데 특별히 요구되는 자질과 적성은 없다. 일반적인 인문 사회적 소양을 기본적으로 갖추고 있으면 된다. 다만 언론정보학과를 졸업한 후에 기자나 PD로 언론매체에 종사하고 싶은 경우 글을 쓰거나 읽는 것에 흥미를 느끼지 못하고, 컴퓨터로 영화를 다운받아 보거나 방송프로그램보다 컴퓨터 게임을 하는 것이 더 흥미롭다고 생각하는 사람은 다시 생각해봐야 한다. 물론 내가 말한 적성에 대한 내용들은 일반적인 것이지 100% 정확한 것은 아니다. 하지만 글을 읽는 것을 좋아하고 쓰는 것도 즐기며, 특정한 분야보다는 여러 분야에 관심이 많고, 무엇보다도 주변의 약자나 소외계층에 대해 늘 따듯하고 애정 어린 눈길을 줄 수 있는 사람들에게 언론정보학과를 전공으로 선택해 앞으로 기자나 PD 같은 직종에 종사하는 것이 좋을 것이라고 권고할 수 있다. 이 경우 제다이 기사단의 포스가 함께해 사회정의를 세우는 데 공헌을 할 수 있을 것이다.

제다이 기사단의 수장인 마스터 요다가 임무를 수행하러 출전하는 제다이 기사들에게 늘 하는 말이 있다. 이 말을 언론정보학과를 자신의 전공으로 선택하려는 중고등학생들에게 해주고 싶다.

미리 보는 대학공부,
언론정보학과 원정기

"**방송국에서** 일하고 싶은데, 언론정보학과로의 진학이 도움이 될까요?"라고 묻는 학생들이 종종 있다. 실제로 언론정보학과를 졸업한 학생들 중 상당수가 아나운서, 신문이나 방송기자, PD, 카메라기자, 방송작가와 같이 언론계로 진출한다. 하지만 이외에드 공연이나 영상기획자, 카피라이터, 광고기획자, 웹 디자이너, 멀티디디어 콘텐츠 제작자, 일반 기업의 홍보담당자 등 다양한 분야에서 학부 때 갈고닦은 실력을 유감없이 발휘하고 있다.

과연 언론정보학과에서 무엇을 가르치기에 이처럼 다양한 분야로 진출할 수 있는 것일까? 언론정보학과에서 다루는 학문들은 세상과 소통하고 상호작용하는 성격을 지니고 있다. 너무 모호한 설명이기도 하지만 커뮤니케이션이 없는 인간과 사회현상은 상상하기 힘들다. 따라서 언론정보학의 기본이 인간과 사회에 대한 호기심인 것이다.

설명을 거듭할수록 뜬구름 잡는 이야기라고 느끼는 학생들을 위해 언론정보학과의 교과과정을 보다 자세하게 소개하고자 한다. 커뮤니케이션을 다루는 학과의 이름은 언론정보학, 신문방송학 등 학교마다 다르고, 사회과학대학 내에 속해 있거나, 언론홍보영상학부와 같이 하나의 학부 체제로 이루어져 있는 등 조직계체도 차이를 보인다. 전공 영역 구분도 학교마다 다양하다. 크게는 커뮤니케이션 이론, 저널리즘(언론), 방송, 뉴미디어, 디지털콘텐츠, 광고와 홍보로 나눌 수 있다. 물론 이 모든 영역을 가르치는 학교도 있고, 특정 영역에 특화된 학교도 있다.

언론정보학과의 교과과정 살펴보기	
방송 · 영상 · 문화이론과 실습	커뮤니케이션이론과 방법론
방송과 현대사회	커뮤니케이션이론
방송분석	커뮤니케이션 연구방법
영상 커뮤니케이션	비판 커뮤니케이션론
영상 · 문화분석	커뮤니케이션 효과연구
현대문화의 이해	커뮤니케이션 통계분석
	대인 커뮤니케이션

저널리즘과 신문이론	정보사회와 뉴미디어
저널리즘의 이해	디지털 커뮤니케이션
탐사보도 기획	글로벌 커뮤니케이션
언론윤리법제	HCI와 커뮤니케이션
현대 저널리즘 이론과 분석	커뮤니케이션정책

미디어와 역사	미디어와 사회	광고와 PR
한국언론사	커뮤니케이션, 문명, 사회변동	광고론
언론사상사	정치 커뮤니케이션	PR론
미디어테크놀로지의 역사	커뮤니케이션특강	설득 커뮤니케이션

언론정보학과에 진학하려는 학생들이 기대하는 것 중 하나가 실습이 아닐까 싶다. 카메라에 아름다운 장면들을 담아내고, 평소에 만나고 싶었던 명사를 인터뷰하고, 편집실에서 동기들과 밤을 새우며 멋진 단편 영화를 만들어내는 꿈 말이다.

이런 일들이 언론정보학과에서는 실제로 이루어진다. 실습과목들은 이론과목 못지않게 중요한 비중을 차지하고 있기 때문이다. 언론정보학은 이론과 실습 두 가지가 모두 중요하기 때문에 한쪽만 가르치는 경우는 없다. 영상제작 실습, 취재연습 등의 과목을 수강하면 마치 자신이 PD나 기자가 된 듯한 착각을 불러일으킨다.

이론중심의 교과과정은 어떤 것이 있을까?

학년 \ 학기	I	II
1	커뮤니케이션의 이해	
2	저널리즘의 이해 영상 · 문화분석 한국언론사 설득커뮤니케이션	언론사상사 방송과 현대사회 커뮤니케이션, 문명, 사회변동
3	커뮤니케이션이론 비판 커뮤니케이션론 커뮤니케이션 연구방법 디지털 커뮤니케이션 현대문화의 이해 HCI와 커뮤니케이션	정치 커뮤니케이션 영상 커뮤니케이션 대인 커뮤니케이션 미디어테크놀로지의 역사 방송분석 미디어법률과 제도
4	커뮤니케이션 통계분석 커뮤니케이션특강 현대 저널리즘 이론과 분석 광고론	글로벌 커뮤니케이션 커뮤니케이션 효과연구 PR론 커뮤니케이션정책

실습중심의 교과과정은 어떤 것이 있을까?

학년 \ 학기	I	II
1	미디어와 사회	
2	기사작성기초 English Journalism for Beginner 영화의 이해 사진 제작 실습	인터넷 취재 실습 PR 작문과 제작 멀티미디어 저작 기초 영상텍스트 실습 방송제작 기초
3	방송뉴스제작 전자편집 및 출판 매체계획론 광고카피라이팅 마케팅PR VJ 실습	중급 보도 실습 광고 크리에이 티브개론 다큐멘터리제작 실습
4	저널리즘 비평 정치커뮤니케이션 이론과 실제 광고캠페인 실습	고급 보도 실습 광고 기획 관리론 디지털 영상저작 실습

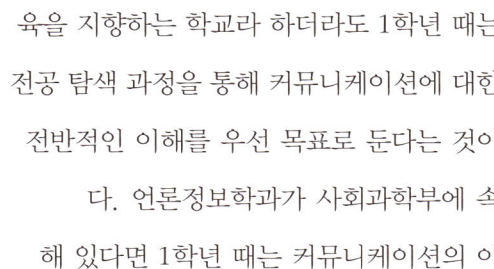

여기서 알아두어야 할 사실은 아무리 실습 위주의 교육을 지향하는 학교라 하더라도 1학년 때는 전공 탐색 과정을 통해 커뮤니케이션에 대한 전반적인 이해를 우선 목표로 둔다는 것이다. 언론정보학과가 사회과학부에 속해 있다면 1학년 때는 커뮤니케이션의 이해에 대한 과목 외에도 경제학, 심리학, 사회학, 정치외교학 등 기타 사회과학 전공과목들의 개론 수업을 함께 듣게 된다. 사회과학이란 어떤 것인지 맛볼 수 있으며, 동시에 자신이 언론정보학에 흥미가 있는지를 판단할 수 있는 좋은 기회이다. 입학과 동시에 언론정보학부로 들어가게 된다면 1학기 때는 미디어와 현대사회와 같은 커뮤니케이션 전반에 대한 이해과목을 듣고, 2학기 때는 언론의 이해, 광고의 이해, 방송의 이해와 같은 세부적인 개론과목을 수강하게 된다. 이것은 커리큘럼의 차이일 뿐이지 좋고 나쁨의 문제는 아니다. 사회과학부에 포함되어 있는 경우, 언론정보학을 이해하기 위해서는 사회과학에 대한 이해가 필수적이라는 점에서 좋다. 반대로 언론정보학과가 학부체제로 되어 있다면 좀 더 빨리 전문적인 지식을 습득할 수 있는 기회가 될 것이다. 참고로 학부체제로 되어 있다고 하더라도 다른 사회과학 학문의 수업을 들어보는 것이 사회과학 내에서의 언론정보학의 위치나 의미에 대해서 이해하는 계기가 될 것이다.

1년의 전공탐색 기간이 지나면 2학년부터는 신문이나 방송을 비롯한

언론매체에 대한 전문적 지식과 소양을 쌓게 된다. 커뮤니케이션 연
구에 기본이 되는 커뮤니케이션이론과 연구방법론도 배우게 된다.

언론정보학과에서 다루는 학문들은 세상과 소통하고 상호작용하는 성격을 지니고 있다. 커뮤니케이션이 없는 인간과 사회현상은 상상하기 힘들다. 언론정보학의 기본은 인간과 사회에 대한 호기심인 것이다.

1. 커뮤니케이션이 잘 된다?

2. 커뮤니케이션이 이뤄지는 과정을 살펴라!

3. 매스미디어로 인해 달라지는 생활패턴!

현대인의 필수요소!
잘 통하는
커뮤니케이션 알기

커뮤니케이션 이론과목은 사회과학으로서의 커뮤니케이션학이 가지는 고유한 이론과 연구 방법에 대해 가르쳐 준다.

커뮤니케이션이란 어떠한 속성을 지닌 현상인가? 인간은 왜 커뮤니케이션을 하는가? 커뮤니케이션 현상을 구성하는 요소들은 무엇인가? 커뮤니케이션의 사회적 의미 또는 중요성은 무엇인가? 바람직한 커뮤니케이션이란 무엇일까? 커뮤니케이션은 어떠한 방향으로 변화하며, 이에 대한 전문적인 교육과 연구가 지니는 의의는 무엇일까?

커뮤니케이션 이론은 이러한 질문에 대한 답변을 제공하는 과목이다. 신문, 방송, 인터넷 등 다양한 매체를 통해 이뤄지는 다채로운 현실의 커뮤니케이션 활동을 이해하기 위한 지식을 생생하고 흥미로운 사례 분석을 통해 제공한다.

커뮤니케이션이 잘 된다?

우리는 너무도 쉽게 커뮤니케이션이라는 단어를 사용한다. 하지만 커뮤니케이션이라는 것을 정의하기란 쉽지 않다. 재미있는 것은 우리가 커뮤니케이션의 실체를 제대로 알지 못하면서도 "정말 커뮤니케이션이 안 되는 사람이군", "결국은 커뮤니케이션 실패가 가장 큰 원인이었어", "커뮤니케이션이 얼마나 중요한데"와 같은 말을 한다는 것이다. 커뮤니케이션 이론은 손에 잡히지 않을 것만 같은 '커뮤니케이션'이 무엇인지 그리고 그 현상의 특성은 무엇인지에 대해 배우는 과목이다.

커뮤니케이션은 공유한다는 의미의 라틴어 'communis'에서 유래했다. 공유한다는 것은 소통과도 일맥상통한다. 소통을 하기 위해선 상호작용이 필요하다. 인간이 타인과 함께 살아가며 상호작용을 하는 한 커뮤니케이션은 피할 수 없다.

다른 사람과 말을 하지 않으면 커뮤니케이션을 안 한다고 볼 수 있을까? 그렇지 않다. 우리는 언어 외에도 행동, 표정, 옷차림 등 다양한 방법으로 커뮤니케이션하고 있다. 즉, 커뮤니케이션은 모든 인간 상호작용에 깊이 내재되어 있다. 모든 인간 상호작용은 커뮤니케이션을 수반한다고도 해석할 수 있는 것이다.

이제는 좀 더 구체적으로 학문적 탐구대상으로서의 커뮤니케이션 현상이란 무엇인지에 대해 알아보자. 첫째, 넓은 의미의 커뮤니케이션 현상은 모든 인간 상호작용에 있어서의 소통적 요소를 뜻한다. 여기서 중심이 되는 연구문제는 '하나의 행위가 얼마나 소통적인가'이다. 언어학, 논리학, 해석학과 같은 학문들이 이러한 탐구와 밀접하다.

둘째, 좁은 의미의 커뮤니케이션 현상은 인간이 서로 영향을 주고받는 행위 중에서 소통적인 요소의 비중이 큰 소통적 상호작용을 말한다. 예를 들어, 처음 만난 두 남녀가 서로 자신을 소개하며 궁금한 점을 묻고 이에 답하는 행위는 두 남녀가 배고픔을 달래기 위해 마주앉아 밥을 먹는 행위보다 소통적 요소의 비중이 크다고 할 것이다. 신문, 방송과 같이 공식적인 미디어를 통해 이루어지는 다양한 뉴스나 정보의 노동 행위가 그 대표적인 예라고 할 수 있다. 커뮤니케이션 연구는 이 두 가지 영역을 모두 포괄하고 있다. 특히 좁

은 의미의 커뮤니케이션 현상이라고 할 수 있는 노동적 상호작용에 관한 탐구를 중심으로 하면서, 넓은 의미의 노동적 요소에 대한 논의가 보완적으로 함께 이루어진다고 할 것이다.

커뮤니케이션학이 본격적으로 발전하기 이전에 커뮤니케이션 현상을 연구했던 한 학자는 '커뮤니케이션에 대한 학문적 탐구는 실체가 없다'며 이를 누구든 거쳐 가긴 하지만 머무르지 않는 십자로라고 표현했다. 아직도 언론정보학이 사회과학 내에서 차지하는 위치가 모호하다고 주장하거나, 언론정보학은 기자양성이 목표인 실용적 학문이라고 오해하는 이들이 있다.

하지만 '십자로'라는 말을 다르게 생각하면 커뮤니케이션 현상에 대한 이해 없이는 인간 상호작용은 물론 사회, 역사, 문화에 대한 탐구가 불가능하다는 뜻이 된다. 실제로 사회학, 정치학, 행정학, 교육학과 같은 전통적인 사회과학들이 커뮤니케이션에 대해 관심을 갖는 이유도 여기에 있다.

커뮤니케이션 유형은 어떻게 분류될까?

커뮤니케이션 유형은 그 기준에 따라 다르게 분류된다. 커뮤니케이션 상호작용에 참여하는 사람들의 수, 소통상황, 매체의 종류, 소통방향 등이 고려 기준이 된다. 먼저, 정보가 무엇을 통해 전달되느냐에 따라 사람과 사람 간의 대화와 같은 인간 커뮤니케이션과 신문, 방송을 통해 정보를 전달하는 매스 커뮤니케이션으로 나누어진다. 이 외에도 언어의 사용여부에 따라 비언어적 커뮤니케이션과 언어적 커뮤니케이션으로도 구분할 수 있다. 커뮤니케이션 상호작용에 참가하는 사람들의 수를 기준으로 분류하면 다음과 같다.

인간 내 커뮤니케이션

자신과의 커뮤니케이션을 뜻한다. 예컨대 우리는 종종 자신 속에 있는 2개의 자아가 대화를 하는 것만 같은 경험을 할 때가 있다. '좀 더 자자. 일요일인데 쉬어도 괜찮아. 한 주 동안 힘들었잖아.' 라고 자신을 설득하는 자아와 '안 돼. 어서 일어나서 운동하고 씻고 상쾌하게 아침을 맞이하자.' 라는 자아 간의 소통을 생각해보자. 이때 대화하고 있는 2개의 자아를 보면, 결국엔 메시지를 발신하는 것도 내 자신이고 수신하는 것도 내 자신임을 알 수 있다. 즉, 인간 내부의 커뮤니케이션 현상을 뜻한다.

대인 커뮤니케이션

우리는 종종 "너와는 말이 안 통해. 커뮤니케이션이 안 되는 게 문제야." 라는 말을 할 때가 있다. 이 같은 대화가 대인 커뮤니케이션의 대표적인 사례다. 대인 커뮤니케이션의 최소 단위는 2자간 커뮤니케이션이다. 수많은 사람들이 함께 참여하는 커뮤니케이션 활동도 사실은 우수한 2자간 커뮤니케이션의 조합이라고 할 수 있다. 따라서 이는 흔히 커뮤니케이션의 분자적 단위로 간주된다. 대인 커뮤니케이션의 상황적 특성은 다섯 가지로 나누어 볼 수 있다. 첫째, 커뮤니케이션하는 사람들이 근접해 있다. 둘째, 서로가 상대방을 의식하고 상호작용을 한다. 셋째, 쌍방으로 메시지가 교환된다. 넷째, 대면상황(face-to-face)에서 발생한다. 다섯째, 비공식적이고 비형식적으로 행해진다.

집단 커뮤니케이션

집단 커뮤니케이션은 3인 이상 다수의 사람들로 구성된 집단 내에서 이루어지는 커뮤니케이션을 의미한다. 집단의 일원으로서의 '나'는 집단의 압력으로 인해 혼자 있을 때의 '나'와는 다르게 말하고 행동하는 존재가 된다. 이를 흔히 집단 역학이라고 하며, 집단 커뮤니케이션은 이러한 집단 역학이 작용하는 상황에서 이루어지는 노동현상을 가리킨다. 이는 다시 소집단 커뮤니케이션과 대집단 커뮤니케이션으로 구분되는데, 그 크기가 정확하게 정의되어 있는 것은 아니고, 집단 성원들이 능동적으로 참여하여 집단의 규칙이나 구조 자체를 변화시킬 수 있는 규모의 집단에서 이루어지는 소통현상을 소집단 커뮤니케이션, 그렇지 않은 경우를 대

집단 커뮤니케이션으로 분류하는 것이다.

매스 커뮤니케이션

대집단 커뮤니케이션의 극단적 사례가 바로 매스 커뮤케이션이다. 우리는 신문, 방송, 잡지, 영화 등을 매스미디어라고 한다. 이러한 매스미디어를 매개로 하여 대중에게 정보가 전달되는 사회적 과정이 매스 커뮤니케이션이다. 언론정보학과라는 명칭이 등장하기 이전에 신문방송학과라 불리던 적이 있었다. 이는 여러 커뮤니케이션 현상 중 매스 커뮤니케이션에 초점을 맞추고 특히 대표적인 신문과 방송이라는 매체를 선택한 결과라 하겠다.

커뮤니케이션 현상을 구성하는 기본 요소들은 무엇일까? 커뮤니케이션이 어떠한 과정을 통해 이루어지는지 살펴보자. 커뮤니케이션 현상을 설명하는 모형에는 섀넌과 위버의 공학적 커구니케이션 모형, 자극-반응 모형, 기호학적 모형 등이 있지만 그 중 SMCRE모델을 소개하고자 한다.

SMCRE모델은 슈람을 비롯한 초기 학자들이 수십 년 전에 제안한 모델이다. 새로운 미디어가 속속들이 등장하고, 미디어 융합이 끊임없이 진행되고 있는 현시점에서 과거의 모델을 이야기하는 것이 어떤 의미가 있을까 의아하게 생각할 수도 있겠지만, SMCRE모델은 오늘날의 커뮤니케이션 과정을 이해하는 데도 많은 도움을 준다.

SMCRE모델

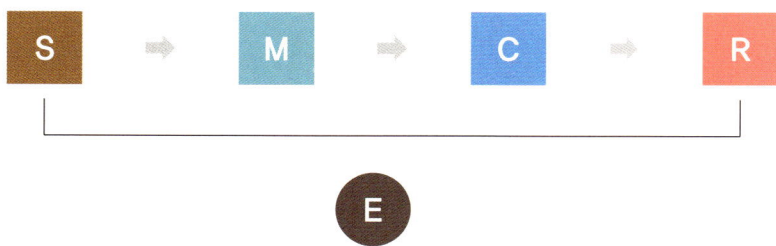

SMCRE모델을 이해하기 위해 각 알파벳이 가리키는 의미를 먼저 알아보자. 먼저, S로 표시된 것은 커뮤니케이션 과정이 시작되는 Source(소스) 즉, 정보원 또는 커뮤니케이터를 말한다.

M은 Message(메시지)로 커뮤니케이터가 소통을 위해 만들어내는 물리적 의사표현이다. 신문기사의 내용이나 영화의 내용, TV 여성 앵커의 언어표현, 손짓이나 옷차림 등이 여기에 포함된다. C는 Channel(채널)로 커뮤니케이션이 가능하도록 도와주는 매개체다. TV, 신문, 영화, 인터넷, 잡지 등 제도화된 미디어들이 바로 채널에 해당한다. R은 Receiver(리시버)로 커뮤니케이터의 상대자가 되는 수용자이다. 커뮤니케이터가 소통하고자 했던 이인 동시에 채널을 통해 메시지가 이동해 가는 목적지이다. Effect(이펙트) 즉, 효과의 경우 종래의 SMCR모델에서는 표시되지 않았다. 하지만 커뮤니케이션 효과가 커뮤니케이션을 통해 수용자가 어떻게 바뀌었는지뿐만 아니라 커뮤니케이션의 상호작용성을 보여주기 때문에 SMCRE모델에서 빠질 수 없는 항목이 되었다.

SMCRE모델의 이해를 돕기 위해 예를 들어보겠다. 인터넷 신문기자가 학교 급식의 문제점에 대한 기사를 업데이트했다. 인터넷 이용자가 이 기사를 읽고 댓글을 다는 상황을 생각해보자. 인터넷 신문기자는 정보의 공급자(S)가 되고, 그 기자가 쓴 기사는 메시지(M)가 된다. 이때 이 기사는 인터넷(C)이라는 네트워크 접속장치를 통해 그 기사를 읽고 있는 인터넷 유저에게 가는 것이다. 그 기사를 읽고 댓글을 다는 인터넷 유저는 수신자(R)가 될 것이며, 댓글을 다는 행위는 그 기사에 대한 피드백이자 커뮤니케이션 과정 속에서 효과(E)가 된다.

매스 미디 어로 인해
달라지는 생활패턴!

커뮤니케이션의 효과에 대해 좀 더 자세히 접근해보자. 미디어는 인간에게 영향을 미치는지, 미친다면 긍정적인 영향인지 부정적인 영향인지에 대한 궁금증이 효과이론을 만드는 바탕이 되었다.

초기의 매스 커뮤니케이션 효과이론들은 정치 커뮤니케이션의 발달과 그 시작을 같이한다. 신문이나 라디오 뉴스가 유권자들의 선택에 어떠한 영향을 미치는지에 대한 연구가 그 예다.

오늘날에도 매스미디어와 정치의 관계를 규명하는 연구뿐만 아니라 새롭고 다양한 연구들이 이루어지고 있다. 범죄 관련 프로그램이나 뉴스 내용이 범죄를 부추긴다거나, 폭력적이고 선정적인 만화영화를 본 아이들이 공격적 성향을 가지게 되는 것 등의 가정이나 추측이 사실인지 알아보는 일도 효과 연구의 하나다.

매스 커뮤니케이션 효과에 대해 연구하는 이유는 앞으로 매스미디어가 나아가야 할 길을 가늠하기 위해서다. 매스미디어의 영향력이 막

강하다면 그에 따른 책임 요구와 통
제가 필요할 것이고, 그렇지
않다면 자유가 보장되어야 하기
때문이다.

그렇다면 매스미디어 효과는 시대적으로
어떻게 나타났을까? 그 크기가 다르게 나
타났는데, 1920년대 이래로 대효과 → 소효과 → 중효과 → 강효과로
정리할 수 있다.

1단계(1920~1930년대 후반) : 강력한 미디어의 효과(대효과론)

이 시기에 미디어는 사회구성원들의 여론, 생활습관, 그리고 행동에
막대한 영향을 행사하는 것으로 간주되었다. 이처럼 미디어의 강력한
효과에 대한 이론을 흔히 마법의 탄환 이론 또는 피하주사 이론이라
고도 한다. 이러한 견해는 과학적인 견해에 기초한 것이었다기보다는
당시 학계를 풍미했던 대중사회 이론이 가정한 분산되고 취약한 대중
의 개념과 새로운 매체로서의 대중신문, 영화, 라디오 등이 보여준 선
풍적인 인기, 히틀러나 무솔리니와 같은 독재자들이 보여준 미디어를
통한 선전의 위력 등에 기초한다.

2단계(1940~1960년대 전반) : 강력한 미디어 효과에 대한 의문제기(소효과론)

제2차 세계대전 이후의 효과 연구들은 매스미디어의 영향력이 막강하

다는 탄환이론을 비판하기 시작했다. 설문조사나 실험연구 등을 통해 미디어 효과를 실증적으로 검증하는 연구들이 이 시기에 이루어졌다. 그 결과 미디어의 효과는 상황 의존적이고 개인별로 차이를 보이는 등 제한적이라는 것이 밝혀졌다. 이와 같은 이론들을 선별효과이론, 한정효과이론 또는 소효과이론이라 한다.

3단계(1960년대 중반~1970년대 중반) : 미디어 효과의 재강조

매스미디어의 효과가 크지 않다는 경험적 연구 주장과는 달리, 대부분의 사람들은 매스미디어가 사회나 문화 등 여러 영역에서 큰 영향을 미치고 있다고 생각했다. 이 시기 학자들은 미디어의 중장기적 효과, 인지적 효과, 집합적인 영향(여론, 이념, 문화적 변화) 등을 살펴볼 때 미디어의 효과는 실질적이라고 주장했다. 매스미디어가 사람들에게 무엇을 하느냐의 시각에서 사람들이 매스미디어를 가지고 무엇을 하느냐의 관점으로 전환한 이용과 충족 연구, 매스미디어가 특정한 이슈들을 중요한 것으로 부각시킬 경우 수용자들도 그러한 이슈가 중요하다고 여기게 된다는 의제설정 효과, 매스미디어가 사회나 집단의

문화적 규범을 형성하거나 강화한다는 문화적 규범이론, TV를 과다하게 시청하는 사람들의 경우 그들이 생각하는 사회의 모습이 TV의 세계와 일치한다는 배양효과이론 등이 모두 이 시기에 등장했다.

4단계(1970년대 중반 이후) : 양 갈래의 시각

미디어의 효과란 미디어가 일방적으로 행사하는 것이 아니라 미디어와 수용자 간의 타협의 산물이라는 것이다. 미디어는 현실의 이미지를 정형화된 방식으로 틀 짓기 함에 따라 사회의 모습을 구성한다. 동시에 수용자들은 미디어 내용과의 상호작용을 통해 사회현실에 관한 자신의 관점과 위치를 새롭게 구성한다. 미디어의 권력과 수용자들의 권력을 동시에 인정하는 시각이라고 볼 수 있다.

하나의 학문 분야가 독립된 과학으로서 성립하려면 연구대상 즉, 연구할 문제가 있어야 하고 둘째로 그 연구대상을 탐구해서 그에 대한 이론을 세울 수 있는 과학적 방법이 갖추어져야 한다. 커뮤니케이션 관련 학과에는 이러한 과학적 방법을 가르치는 교과목들이 잘 갖추어져 있다. 학부에서는 커뮤니케이션 연구방법론(또는 사회조사방법론)이라는 이름으로 과목이 개설된다. 연구방법에 대한 이해는 커뮤니케이션 연구를 위한 기본이 되고, 졸업논문은 물론 커뮤니케이션 관련 과목들을 수강하면서 내는 학기말 페이퍼를 위해서도 꼭 필요하다.

한눈에 보는 언론정보학의 역사 Ⅰ
인간 커뮤니케이션 발달사

성경에도 인간 세상에 처음부터 말, 대화(logos)가 있었다고 했다. 언어를 사용하지 않는 인간은 상상하기 힘들다. 아마 인간이라는 생물종은 진화과정 중 유인원에서 떨어져 나온 순간부터 언어를 사용했을 것이다. 하지만 말에 의한 의사 전달과 대화의 내용들은 기록하지 않으면 사라져버려 먼 곳이나 후대에 전달할 수 없었다. 그래서 이러한 내용을 기록하고 보존하기 위한 상징(sign)을 발명하게 되었고, 그 후 인류는 비로소 자신들의 흔적과 지식을 후세에 남길 수 있는 문명시대를 연 것이다.

문자의 발달
커뮤니케이션을 목적으로 인류에 의해 기록된 최초의 상징은 동굴벽화다. 현재까지 발견된 동굴벽화 중 가장 오래된 것은 지금으로부터 약 3만 년 전에 그려진 것으로 추정되는 프랑스 남부 쇼베 동굴벽화로 사자, 코뿔소, 곰, 표범 등 수많은 동물그림이 발견되었다. 이들 벽화는 묘사기법, 채색 등이 1만 5,000년 후에 그려진 알타미라나 라스코 동굴벽화 못지않게 세련되고 선명해 보는 사람들을 놀라게 했다. 이 동굴들의 벽에 그려진 그림들은 대개 들소, 사자, 곰, 말 등 힘이 세거나 무섭고 빠른 동물들이었다.

1 쇼베 동굴의 사자그림
2 라스코 동굴벽화
3 알타미라 동굴의 들소벽화

이런 동물들을 주제로 벽화를 그린 것은
이 동물들이 가진 힘이나 용맹성을 자신
들도 갖게 해달라는 바람을 상징적으로 표
현한 것으로 볼 수 있다.

그 후 이러한 그림 상징은 더욱 간명한 형태의 문자로 바뀌었다. 인류
문명시대를 연 최초의 문자에는 현재 영어 알파벳의 시조인 페니키아

문자, 이집트의 신성문자, 그리고 중국한자의 원형인 갑골문자 등이 있다.

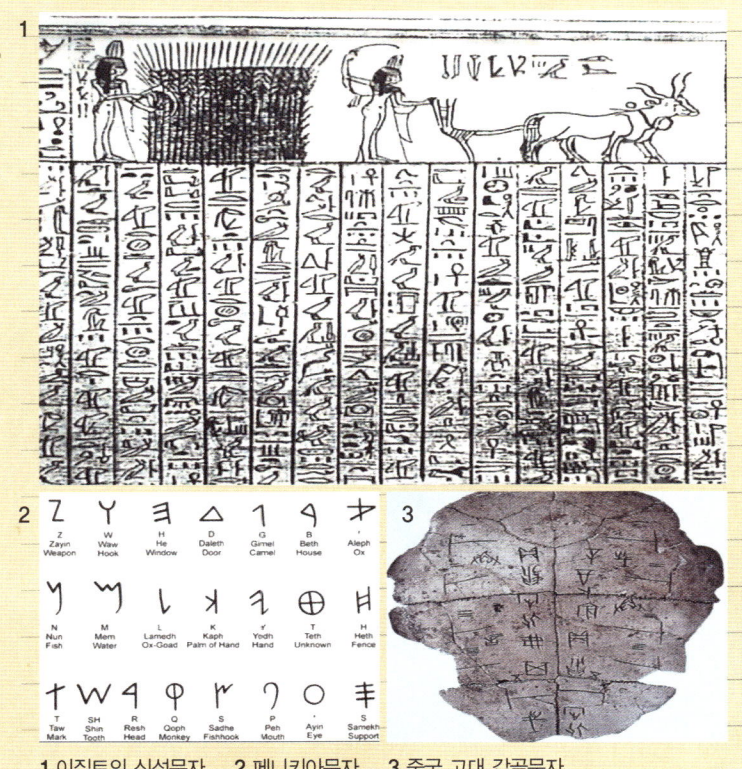

1 이집트의 신성문자　　**2** 페니키아문자　　**3** 중국 고대 갑골문자

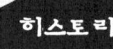

히스토리

인류가 최초로 사용하기 시작한 이러한 문자들은 일반적으로 상형문자의 일종이다. 상형문자란 사물의 형상을 본떠 만든 글자를 말한다. 예를 들어 본래 상형문자였다고 추측되는 페니키아문자를 살펴보면, 알레프(ㅣ)는 기린, 기멜(ㅊ)은 소를 가리키는 식이었다.

인류는 최초로 자신들이 표현하고 의사소통하고자 했던 것을 동굴에 벽화로 남겼는데, 사실 그림이라는 상징을 사용해 의사소통하는 방식은 무척 번거롭다. 따라서 간단한 형태로 의사소통을 할 수 있는 상징이 필요하게 되었고 이것이 바로 문자의 발명이다. 그래서 자연스럽게 고대에 쓰인 초기문자는 사물의 형상을 그대로 줄여서 상징으로 표현한 상형문자 형태로 발전되었던 것이다.

미디어의 탄생

문자가 발명된 후 이 문자들로 기록된 내용을 다른 사람에게 또는 다른 곳으로 전달하기 위해서는 문자의 운반체가 필요한데 이것을 커뮤니케이션 관점에서는 내용의 매개체라고 부른다. 매개체를 줄여 매체라고 하는데 현재 우리가 흔히 사용하는 미디어(media)는 매체의 영어 단수 형태인 미디엄(medium)의 복수다.

고대에 사용된 문자 전달매체는 아주 크거나 무거워 불편했다. 주로 흙으로 만든 점토판이나 돌로 깎은 석판에 새겨 넣어 보관했다. 만약 이 방식으로 현대의 교과서 한 권을 가지고 다니려면 커다란 트럭어 하나 가득 싣고 다녀야 할 것이다. 중국에서는 대나무를 잘게 쪼개 여기에

글을 써 꿰어 가지고 다녔는데 이것을 죽간이라고 한다. 공자시대의 논어를 비롯한 사서삼경 모두 당시에는 죽간에 기록해 보관하였다.

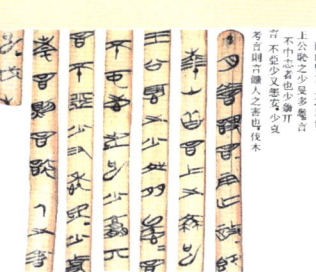

석판에 새겨진 고대 그리스문자　　　중국의 죽간 문서

이후 좀 더 가볍고 글을 쓰기 쉬운 전달매체를 발명했는데 이것이 바로 이집트 나일강변에서 자라는 갈대를 이용해 만든 파피루스와 로마시대부터 중세까지 사용했던 양의 가죽으로 만든 양피지다.

중국에서는 이미 2,000여 년 전에 양피지보다 훨씬 가볍고 보관이 편리한 종이가 발명되어 사용되었다. 이것을 개량 발전시킨 사람이 후한시대(기원후 105년)의 채륜이다. 중세 말 유럽이 독자적인 종이 제지기술을 발전시키기 전까지는 중국과 이 기술을 전파받은 중동 아시아에서 생산된 종이가 유럽에서 비단과 더불어 아주 귀중한 상품으로 취급되었다. 특히 종이는 지금으로 말하자면 반도체와 같은 첨단기술제품으로 여겨졌다.

양피지는 BC190년경, 페르가몬의 왕 에우메네스 2세가

발명하였다. 이것은 당시 프톨레마이오스왕조의 이집
트가 페르가몬에 대하여 파피루스의 수출을 금지하여,
이에 대항하기 위한 수단으로 만들어졌다고 한다. 이
런 이유에서 양피지는 일명 페르가메네라고도 불린다. 그 후 8세기 초
엽에는 양피지의 사용이 파피루스를 압도하였다. 중세시대 양피지 책
은 지식 전달매체라기보다는 기록 보관매체에 가까웠고, 일반인들이
보기에는 고가의 상품이었다. 그래서 책을 장식용으로 삼아 복잡한 꽃
글씨체로 쓰거나 주변에 화려한 그림을 그려 넣기도 했다. 심지어는 책
을 보석으로 치장하기까지 했다. 즉, 당시에는 책은 읽는 것이라기보다
보관의 의미가 강했다.

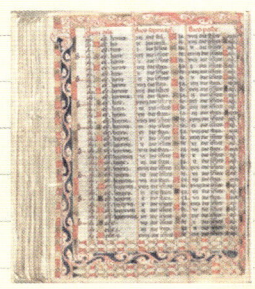

중세의 전형적인 양피지 책

보석으로 치장한 양피지 책

파피루스, 양피지, 그리고 종이의 발명으로 문서의 기록, 보관이 용이해졌지만 문서를 작성하고 기록하는 데 여전히 많은 노력이 들었다. 사람이 직접 손으로 써서 만들어야 했기 때문에 책 한 권을 만들려면 무척 힘들었다.

꽃 글씨로 장식한 중세의 책 페이지

양피지에 새 깃털로 만든 펜으로 책을 썼는데 당시에는 두 손을 모두 사용했다. 한 손으로는 펜으로 글을 쓰고, 다른 손으로는 칼로 쉽게 닳아버리는 깃털 펜을 깎거나 잘못 쓰인 글자를 양피지에서 긁어내면서 책을 만들었다. 책 100권을 만들려면 100명의 사람이 여러 달에 걸쳐 복사 작업을 해야 했고, 대량으로 책을 내기는 어려웠다. 그래서 책은 소수의 지식인 계급에게 한정된 사치품과 같은 존재가 되어버렸다.

인쇄술의 발달

수작업으로 만든 책은 만들기 어려워 소량으로 유통될 수밖에 없어 일반 사람들에게는 접근 기회가 거의 없었다. 이러한 문제점을 해결한 것

이 바로 인쇄술의 발달이다. 인쇄술이란 책의 글자를 새긴 원판을 만들어 이것에 잉크를 바른 후 종이 위에 찍어내는 기술이다. 책의 내용을 담은 원판만 만들면 원하는 만큼의 책을 계속해서 비교적 적은 비용과 노력으로 계속 찍어 낼 수 있다.

최초로 발명된 인쇄술은 목판인쇄술로 우리나라의 팔만대장경 목판이 대표적인 예이다. 하지만 목판인쇄는 글자를 일일이 새겨야 하는 문제 때문에 주조된 활자를 사용해 책 페이지의 판을 짜서 인쇄하는 활판인 쇄술에 비해 비효율적이다.

금속활자를 사용한 활판인쇄기술이 어디에서 처음 발명되어 사용되었 는지에 대해 많은 논란이 있다. 현존하는 금속활자로 찍은 가장 오래된 책은 1377년 우리나라 고려시대에 간행된 〈직지심체요절(직지심경)〉이 다. 구텐베르크가 금속활자 활판기술로 1455년 처음 출판한 성경책보 다 약 70년 앞서 직지심경이 나왔다. 직지심경 금속활자본은 구한말 병 인양요(1866년) 때 강화도를 일시 점령한 프랑스군에 의해 약탈된 후 아 직까지 반환되지 않았다. 직지심경은 14세기 고려 말엽의 대표적 선승 인 배운경의 저작으로 상하권으로 된 어록이다. 저자 백운화상이 열반 에 든 후 1377년 7월 청주 흥덕사에서 백운 스님의 제자 석찬 스님에 의해 처음 금속활자로 인쇄되었고, 이듬해 여주 취암사에서 제자 법린 등에 의해 목판본으로 간행되었다. 원래 상하권으로 되어있던 금속활 자본은 현재 하권만이 프랑스 국립도서관에 소장되어 있다. 1378년 여 주 취암사에서 간행된 목판본은 현재 국립중앙도서관과 정신문화연구원에 상하권이 각각 1질씩 소장되어 있어 다행히 직지심경의 원 형태를 알 수 있다.

서양역사에서 일반적으로 금속활자를 사용한 활판인쇄술의 발명자라고 소개되는 구텐베르크를 활판인쇄술을 개량 발전시킨 사람으로 보아야 한다는 견해가 최근 대두되고 있다. 금속활자를 사용한 활판기술은 이미 한국에서 고려 때 개발되어 널리 사용되고 있었고, 당시 고려를 지배했던 원 제국에 의해 중부 아시아를 거쳐 구텐베르크에게까지 전수되었다는 상황이 거의 확실하다는 주장이다. 독일 마인쯔 시에 있는 구텐베르크 인쇄박물관의 공식 웹 페이지에서도 금속활자를 사용한 활판기술은 아마도 한국(고려조)에서 먼저 만들어진 것 같다고 밝히고 있다. 더 알고 싶은 학생들은 구텐베르크 인쇄박물관 사이트에 방문해 보자!

팔만대장경 목판

프랑스 국립도서관에 보관중인 직지심경

http://www.gutenberg-museum.de

현대인의 필수요소!
잘 통하는 커뮤니케이션 알기

1 서구에서 최초로 인쇄된 성경책
2 구텐베르크 인쇄기
3 요한네스 구텐베르크(1400~1468)

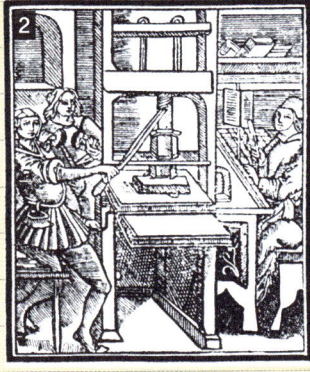

구텐베르크는 당시 첨단기술로 여겨진 인쇄술을 개발해 처음에는 큰돈
을 벌었으나 곧 여러 사업에 실패해 인쇄기술 특허를 동업자에게 넘기
고 말년에 가난하게 죽었다. 하지만 구텐베르크의 인쇄술은 인류 문명
사에 최근 등장한 디지털 정보혁명에 버금가는 커다란 영향을 미쳤다.
구텐베르크가 최초로 성경을 인쇄한 후 50년이 지나지 않은 1500년대
초반 유럽 전역에 1,000여 개 이상의 인쇄소가 생겨났고 3관 종 이상의
책이 발간되었다.
구텐베르크의 인쇄술 때문에 비로소 인류는 그동안 쌓아왔던 지식을

싼 값에 널리 공급하고 나눌 수 있게 되었다. 즉, 지식의 급격한 확산과 축적, 공유가 가능하게 된 것이다. 그 결과 서구에서는 과학혁명과 산업혁명이 촉발되어 급격한 과학기술 발전을 이루었다. 반면 인쇄술은 먼저 발명하였지만, 대중적 확산이 늦어진 중국, 한국 등과 같은 동아시아 국가들은 과학기술 발전이 서구에 비해 뒤처지는 결과를 가져오게 되었는데, 이것이 결국 동서양 격차를 일으킨 근본적 원인 중 하나가 되었다.

최초의 대중매체, 신문의 탄생

인쇄술의 발전은 최초의 대중매체인 신문의 출현을 도왔다. 15세기 후반 중세 봉건주의가 붕괴한 후 새로운 사회 엘리트계층으로 등장한 부르주아 상인들은 여러 지역의 상품 수급, 가격에 대한 정보를 신속하게 교환하는 수단이 필요했다. 그래서 구텐베르크의 인쇄술을 이용해 상인들 간 상품정보 소식지(Newsletter)를 처음에는 부정기적으로 후에는 정기적으로 15세기 후반에 발간하기 시작했다. 이것이 근대적 신문의 시작이다. 그 후 기존 귀족들과 정치적 권력 다툼을 벌이게 되는 신흥 시민계급들의 정치적 의견을 대변하는 정론지(Opinion Paper)가 등장하게 되었다. 이러한 초기 신문의 흔적을 현재 우리가 보고 있는 신문의 경제면 기사나(주식 시세표), 많은 면수를 할애하는 정치면

기사에서 발견할 수 있다. 이 당시에는 손으로 눌러
한 장 한 장 인쇄하던 구텐베르크 방식의 인쇄기술을
사용했다. 인쇄를 나타내는 영어단어인 'press'는 이
러한 인쇄방식에서 유래된 것이다. 이후 산업혁명과 더불어 등장한 스
팀엔진을 사용해 인쇄 속도가 급속하게 증가했다. 또한 평견 인쇄판 대
신 원통형태의 윤전판을 이용하는 윤전기 인쇄기술이 개괄된 1850년
대 이후 신문의 대량인쇄가 가능해져 현대적 의미의 매스미디어로 신
문이 변화하게 되었다. 이때 개발된 윤전기는 시간당 2만부 이상 인쇄
할 수 있었다.

이제 사람들은 원하는 다양한 지식을 보편화된 인쇄기에 의해 싼 값으
로 책에서 얻을 수 있었고, 매일 여러 가지 뉴스를 신문을 통해 읽을 수

쾨니히가 1814년 만든 스팀구동
1850년경 인쇄기 (시간당 1,100부
인쇄가능)

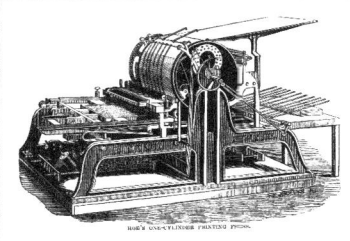

마치 호의 윤전기 (시간당 2만부 인쇄)

도 있게 되었다. 하지만 여전히 직접 발로 뛰어 취재해 신속히 보도한 기사보다는 풍문에 의한 기사나 한참 늦은 기사들이 대부분이었다. 신문이 새로운 뉴스에 의존하지 않았기 때문에 오히려 구문이라고 불려야 했다.

새롭게 탄생된 중앙집권형태의 넓은 땅덩어리를 가진 근대 민족국가는 정보를 신속하게, 전국적으로 유통시키길 원했다. 기존에 축적된 혹은

 여 기 서 잠 깐

우리나라 신문은 어떻게 발전하였을까?

조보(朝報)라는 지금으로 보면 조간신문격인 필사신문이 이미 16세기 초부터 조직적이고 체계적으로 발행되기 시작했다. 조보는 지금으로 따지면 청와대 비서실 역할을 하는 승정원에서 발행하였다. 조보는 통치의 보조 수단이었고, 극히 제한된 범위 내에서만 배포되었다. 따라서 서구의 근대 신문과는 탄생배경과 역할이 달랐다.

서구 세력에 의한 개화의 물결이 밀려오면서 일본의 영향을 받아 신문발행 필요성이 제기되었고, 그 결과 1883년 10월 1일(음력) 우리나라 최초의 근대 신문이라고 할 수 있는 〈한성순보(漢城旬報)〉가 창간되었다. 이름에서 알 수 있듯이 발행주기는 매 순(旬), 즉

매월 초순, 중순, 하순의 10일 간격으로 발행되었고, 급진개혁파가 주도했던 갑신정변이 실패하면서 1884년 10월 폐간되었다.

그 후 1886년 1월 25일 한성순보에 이어 〈한성주보(漢城週報)〉가 창간되었다. 그러나 한성주보도 개화기의 급격한 정세변화와 누적된 재정적자를 견디지 못하고 1888년 7월 폐간되었다.

얼마 동안 우리나라에는 근대적 신문이 없다가 1896년 4월 7일 최초의 민간신문이라 할 수 있는 〈독립신문〉이 발행되었다. 독립신문은 미국에서 귀국한 서재필이 주동이 되어 구한말 정부로부터 창간자금과 신문사 사옥 설립금을 전액 지원받아 발행한 것이다. 독립신문은 순 한글로 발행되어 득자층을 크게 확대할 수 있었고(중요한 기사는 영문으로도 발간하였다), 처음에는 격일간으로 출발했지만 나중에는 일간이 되어 속보성도 갖추었다. 근대 신문으로서의 여건이 이전의 신문보다 진일보했다고 할 수 있다. 그래서 〈독립신문〉을 우리나라에서 발행된 최초의 근대적 신문으로 보아 제1호 발행일인 4월 7일을 '신문의 날'로 제정해 기념하고 있다.

독립신문 창간호(국문판)

독립신문 창간호(영문판)

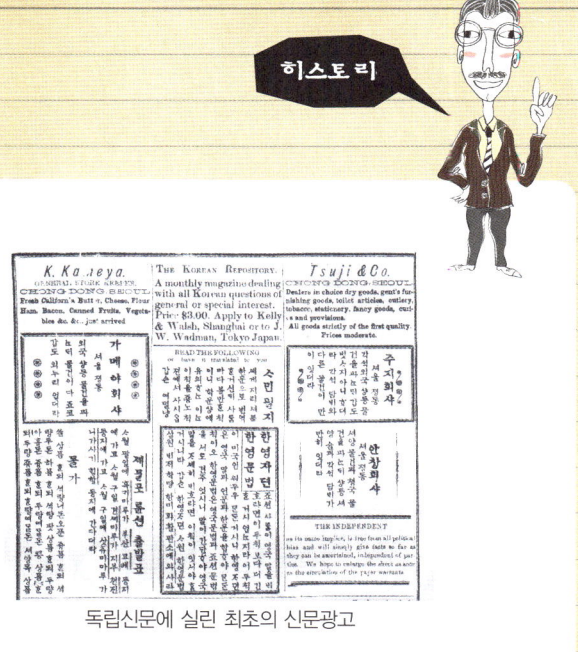

독립신문에 실린 최초의 신문광고

현재 유통된 정보를 대량으로 보급하는 것은 인쇄기술의 발전으로 가능해졌지만, 정보의 신속한 수집과 전달은 아직 말이나 인력 등에 의한 옛날 방식에 머물러 있었던 것이다.

통신 시스템의 발달

신속한 장거리 통신 시스템의 필요성은 옛날부터 사용되어 왔던 봉화나 연기에 의한 단순한 메시지 전달체계를 좀 더 정교화한 수기신호 전달체계로 발전시켰다. 하지만 수기신호 통신체계는 이어서 등장하는 모스 전신통신(1844년)에 의해 단시간 안에 대체되었다.

모스 통신은 기본적으로는 수기신호와 같이 사전에 약속한 알파벳을 나타내는 신호체계를 통해 송신자와 수신자 사이에 메시지를 주고받지만, 장거리 유선통신망을 사용해 전기신호를 송수신함으로써 효율성이나 신속성에 있어 이전의 통신 시스템에 비해 엄청난 발전을 이루었다. 인류 사상 처음으로 수천 km 떨어진 곳에서 발생한 사건도 유선통신망만 연결되어 있다면 거의 동시에 알 수 있었다. 지식의 축적과 전달을 대량으로 싸게 공급하는 인쇄술의 개발에 이어 정보를 신속하게 넓은 지역으로 보낼 수 있는 방법도 갖추게 되어 정보사회를 이끌어가게 될 기반을 다지게 된 것이다.

장거리 유선통신의 발전은 곧이어 무선통신의 개발을 가져왔다. 모스 통신 시스템은 신속하게 넓은 지역으로 전송할 수는 있었지만, 그렇게 하기 위해서는 유선통신망을 깔아야 했다. 유선통신망을 모든 지역에 골고루 설치하는 일은 엄청난 자원이 소요되고 또한 비효율적이다. 따라서 이러한 번거로운 유선통신망 가설을 피하고 선이 없는, 즉 무선으로 전기신호를 보낼 수 있는 시스템을 개발하게 되었다. 특히 유선통신망을 부설할 수 없는 바다를 항해하는 선박에게 무선통신수단이 절실하게 필요했다.

1890년대 말 세계의 바다를 제패했던 영국해군의 재정적 후원을 받은 이태리 출신 발명가 마르코니가 1901년 세계 최초로 무선신호를 영국에서 대서양을 건너 캐나다에까지 전송함으로써 설비만 갖추면 아무런 장애 없이 비교적 싼 값으로 넓은 지역에 메시지를 신속하게 전달할 수 있는 통신체계를 갖추게 되었다.

인간은 이제 원한다면 자신의 생각을 먼 곳으로 신속하게 전달할 수 있고, 문자를 사용해 책에 정보를 저장하고 대량으로 유통시킬 수 있는 체계를 갖추게 되었다. 커뮤니케이션 영역이 자신들의 육체적 도달 한계를 훨씬 뛰어넘는 경지에 다다른 것이다. 정보를 전달 유통시켜 서로 이해하며, 정보를 축적해 다음 세대로 넘겨줄 수 있게 되고, 또 이러한 커뮤니케이션 시스템을 인쇄기술 내지 전자적 정보통신기술의 도움으로 크게 확장하면서 인류는 드디어 명실상부한 '호모 커뮤니쿠스(Homo-communicus)'의 지위를 부여받을 수 있는 기반을 갖추었다.

신속한 뉴스전달 방법의 필요성

미국과 영국의 제2차 독립전쟁(1812년~1815년) 중 미국 측 최대 승리라고 일컬어지는 앤드류 잭슨의 뉴올리언스 함락 작전으로 영국은 2,000명 이상의 사상자가 발생하는 등 큰 피해가 발생했다. 사실 이 전투는 할 필요가 없었다. 이미 전해인 1814년 12월 24일 네덜란드에서 미국과 영국 당사자 간에 휴전협정이 조인되었기 때문이다.

하지만 당시 유럽의 뉴스가 대서양을 건너 미국에 도달하려면 최소 한 달 이상이 걸렸다. 늦은 정보 전달로 인해 2,000

여 명이 넘는 인명이 무고하게 희생된 것이다.

국가의 통치영역이 넓어지고 국가 간 분쟁이나 전쟁이 많아 지면서 신속한 장거리 통신 시스템의 구축이 필요하게 되었 다. 나폴레옹의 치하에서 많은 전쟁을 치렀던 프랑스의 경우 수기신호 시스템을 사용해 1794년 파리에서 230km 떨어진 릴리까지 5분 만에 신호를 전달할 수 있었다. 수기신호(알파 벳 문자)를 나타낼 수 있는 움직이는 팔을 가진 통신탑을 가시 거리 내에 설치하여 당시에 숙련된 통신사가 1분당 글자 3개 를 송신할 수 있었던 것이다. 이것은 단지 연기의 유무나 횟 수 또는 봉화의 크기, 점멸 횟수 등을 통해 메시지를 전달했 던 봉수대에 비해 문자를 직접 전달할 수 있어 더욱 효율적 인 통신체계였다.

이러한 수기신호 시스템은 계속 전달 거리를 확장해 파리에 서 수천 km 떨어진 이탈리아 베니스까지 6시간 안에 메시지 를 전달할 수 있게 되었다.

1815년 뉴올리언스에서의 전쟁이 의미 없는 많은 희생자를 가져왔다는 사실에 충격을 받은 미국은 뉴올리언스에서 워 싱턴까지 프랑스 방식의 수기신호 통신탑 시스템을 구축할 계획을 세웠지만, 곧 발명된 모스의 전신통신 시스템 때문에 계획을 철회하였다.

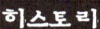

모스 코드

지금은 거의 사용하지 않지만 모스
가 고안한 모스 코드는 전기신호의
길고 짧음의 조합으로 알파벳을 나
타낸다. 도트(dot: •)는 짧게 모스
키를 연결했을 때 나오는 신호이

모스

고, 대시(dash: ━)는 약간 길게 누를 때 발생하는 전기신호이
다. 이것의 조합으로 알파벳을 나타내는데, 예를 들어 A는
• ━ , B는 ━ • • •이다. 우리가 일반적으로 알고 있는 구
조 신호인 SOS는 'Save Our Ship'의 약자가 아니라 모스
알파벳 코드체계에서 가장 식별하기 쉬운 알파벳의 조합인 S
• • •와 O ━ ━ ━를 서로 합친 것이다.

My Dream

DREAM COME TRUE!!

ON AIR

진정한 포스, 저널리즘의 모든 것

저널리즘 스쿨이라는 것이 있다. 현장에 곧바로 투입할 수 있는 능력과 소양을 갖춘 예비 언론인을 양성하기 위해 세워진 곳이다. 세계 최초의 저널리즘 스쿨은 미국의 미주리 대학교다. 우리나라에서도 세명대학교가 2008년 석사학위 중심의 저널리즘 스쿨을 설립하면서 전·현직 언론인 출신 교수진을 소개해 화제가 되었다.

언론정보학과에서 배우는 저널리즘은 저널리즘 스쿨의 그것과 비교해 좀 더 포괄적이고 넓은 의미의 저널리즘이다. 뉴스란 무엇인지부터 신문의 역사, 저널리즘 비평에 이르기까지 폭넓게 배울 수 있다.

또한 글쓰기의 기초를 다지고 취재하는 방식을 배우는 것도 저널리즘 관련 교과목에 해당한다. 경찰서에 가서 취재를 한 뒤 사건사고 기사를 써오라는 숙제 앞에서 그저 한숨짓고, 야외수업인 줄만 알고 웃으며 나갔던 수업에서 1시간 안에 기삿거리를 찾아오라는 교수님 말씀에 머리가 새하얗게 되는 경험을 하게 되는 실습과목. 하지만 실습과목은 기자가 된 듯한 착각을 느끼게 하고 현장에서 사람들과 함께 숨 쉬는 기분이 어떤 것인지를 알려주는 매력을 지녔다.

과목 알아보기

기초과목
- 미디어글쓰기기초
- 기사작성기초
- 인터넷취재연습

심화과목
- 방송뉴스제작
- 중급보도실습
- 언론현장실습
- 잡지 및 기획기사실습
- 고급보도실습

진정한 포스,
저널리즘의 모든 것

진실의 목소리!
언론이란 무엇인가?

언론은 매체를 밝혀 어떤 사실을 통하여 알리거나 어떤 문제에 대하여 여론을 형성하는 활동이라고 한다. 영어로는 Journalism(저널리즘) 내지는 the press(프레스)다. 프레스는 저널리즘과 비교해서 인쇄, 출판까지 포함하는 좀 더 광범위한 의미로 쓰이므로 여기서는 저널리즘이라는 단어를 사용하겠다.

journalism은 journal과 −ism이 합쳐진 단어다. journal은 신문, 잡지, 정기간행물이라는 뜻으로 크게 보면 다양한 매체라는 의미이며, −ism은 가치관, 사조, 경향으로 인식된다. 단어의 어근에 대한 분석은 저널리즘을 이해하는 데 도움을 줄 수 있을지는 몰라도 저널리즘을 한마디로 정의하는 일은 역시 쉽지 않다. 게다가 오늘날 기술의 발달로 그 정의가 더욱 모호해지고 있다. 새로운 매체의 출현은 저널리즘에도 영향을 주기 때문이다.

예를 들어 시민이 자신의 블로그에 숭례문 화재사건을 직접 취재해서 글과 사진을 올렸다면 이것이 기사인가? 아닌가? 더 나아가 언론활동이라고 볼 수 있는가? 과거에는 신문 방송과 같은 매체에서 나오는 뉴스만 생각했지만 인터넷으로 대표되는 새로운 매체의 발달은 새로운 형식의 언론 모습을 고민하게 한다.

그럼에도 불구하고 언론의 원칙과 목적은 뉴스의 기능이라고 정리할 수 있을 것이다. 〈저널리즘의 기본요소〉라는 책에는 저널리즘의 아홉 가지 원칙을 다음과 같이 소개하고 있다.

저널리즘의 아홉 가지 원칙

① 저널리즘의 첫째 의무는 진실추구다.

② 저널리즘은 어느 누구보다 시민에게 충성해야 한다.

③ 저널리즘의 본질은 검증의 규율이다.

④ 저널리즘에 종사하는 사람들은 취재 대상으로부터 독립을 유지해야 한다.

⑤ 저널리즘은 권력의 독립된 감시자로 이바지해야 한다.

⑥ 저널리즘은 대중의 비판과 타협을 위한 공개 토론장을 제공해야 한다.

⑦ 저널리즘은 중요한 것들을 흥미롭고 적절하게 전달하려고 노력해야 한다.

⑧ 저널리즘은 뉴스가 포괄적이며 조화를 이루도록 해야 한다.

⑨ 저널리즘에 종사하는 사람들은 자신의 양심에 따르도록 허용되어야 한다.

언론은 매체를 빌려 어떤 사실을 통하여 알리거나 어떤 문제에 대하여 여론을 형성하는 활동이라고 한다.

욘사마의 일본방문이
뉴스거리가 되는 이유

〈뉴욕타임즈〉에서는 뉴스를 'All the news that's fit to print' 라고 정의한다. 많은 독자가 관심을 갖고 있거나 갖고 있으리라고 기대되는 또 관심을 가져야 하는 정보들 중에서 매체를 통해 전해지는 것이 뉴스라는 것이다.

오늘자 신문을 한번 펼쳐보자. 신문 지면을 가득 메우고 있는 기사들을 볼 수 있다. 과연 기사란 무엇일까? 우리는 태안반도 기름유출 사고현장에 없었지만 기사라는 매개체를 통해 이 사실을 알게 되었다. TV나 신문 또는 라디오를 통해 오염된 바다에 대한 기사를 접한 사람들 중에는 직접 그곳에 가서 흡착포로 기름때를 걷어내고, 돌에 묻은 기름기를 닦아낸 이들도 있었다. 직접 봉사활동을 가지 않았어도 태안반도에 대한 후속기사를 통해 얼마나 많은 자원봉사자들이 태안에 다녀갔고, 기름때 가득한 바다가 어느 정도 깨끗해졌는지에 대한 소식을 접할 수 있었다.

기사화될 수 있는 것은 사건, 사고뿐만 아니라 정치˙경제에 대한 이슈부터 소소한 사람 사는 이야기까지 다양하다.

다양한 이야기가 뉴스가 될 수는 있겠지만, 기본적으로 뉴스에는 뉴스 가치라는 것이 있다. 저명성, 근접성, 시의성이 그것이다. 욘사마의 일본방문은 뉴스거리가 되지만 옆집 아주머니의 일본여행은 뉴스거리가 되기 힘들다. 인물의 저명성이 다르기 때문이다. 또한 신문을 보면 다른 나라에서 일어난 사건보다 우리나라에서 일어난 일들이 더 큰 비중으로 다루어지고 있다. 이는 근접성에 기초해서 뉴스의 가치를 판단한 것이다. 시의성은 10년 전에 일어난 일보다 지금 일어난 일이 뉴스거리가 된다는 사실로 알 수 있다. 이 밖에도 드라마틱한 요소를 포함하고 있거나 어떠한 사건의 영향성이 클 경우 독자들의 호기심을 자극할 수 있다. '개가 사람을 물면 뉴스가 아니고 사람이 개를 물면 뉴스가 된다'는 말처럼 평범하고 일상적인 것보다는 기이하고 부정적인 사건들이 선택된다.

기사는 뉴스의 가치를 가지고 있다는 점 외에도 그만의 독특한 특성이 있다. 기사는 뉴스를 담아내는 표현양식이자 소식을 전하는 글의 형식으로 사실성이 바탕이 된다. 생각이나 느낌, 의견, 주장의 기록을 기사라고 하지는 않는다. 물론 신문에도 개인의 감상이나 주장 중심의 글이 실리지만 이는 사설, 칼럼 등으로 기사와는 분명 다르다. 기사는 사실을 바탕으로 하기 때문에 육하원칙(5W1H)에 의해 써진다.

기자들은 어떤 자질을 지녀야 할까?

사전에는 기자를 '신문, 잡지, 방송 따위에 실을 기사를 취재하여 쓰거나 편집하는 사람'이라고 정의하고 있다. 흔히 기자를 전문직이라고 하지만 언론직이 전문직인지의 문제는 여전히 쟁점으로 남아있다. 언론직은 전통적인 전문직인 법조계나 의료계와는 다른 직업적 특성을 지니기 때문이다.

우선 기자 양성을 위한 체계적이고 장기적인 전문 훈련과정이 부족하다는 것이다. 저널리즘 스쿨이라는 것도 있지만 훌륭한 언론인은 교실이 아닌 환경에서 키워진다고 많은 기자들이 믿고 있으며, 기사를 쓰는 테크닉은 차후 문제라고 생각하는 언론사들도 많다.

또한 기자가 되기 위해 반드시 획득해야 하는 자격증이 없다. 자격을 부여받는다는 것은 국가의 권력 아래 놓인다는 의미이고, 이는 기자에게 가장 중요한 자율성 행사에 어려움을 겪는다는 뜻이기 때문이다.

그럼 어떤 이가 기자가 될 수 있으며, 훌륭한 기자가 되기 위해서는 어떠한 덕목이 필요할까? 기사작성에 관한 교재나 기자에 대해 소개해 놓은 책들을 보면 공통적으로 다음의 다섯 가지를 강조하고 있다.

1. 호기심이 많아야 한다. 사소한 것도 지나치지 않을 정도로 관심과 주의가 있어야 한다.
2. 사람을 사랑해야 한다. 짧은 기사를 쓰기 위해서도 수십 명씩 전화하고 만나야 할 때가 많

다. 기사작성능력 못지않게 인터뷰 기술이 중요한 이유이기도 하다.

3. 탐구력이 있어야 한다. 끈질기게 자료를 모으고 작은 것도 확인하는 자세는 오보를 최소화한다.

4. 관찰하고 기록하는 습관이 필요하다. 직접 목격하고 경험한 것도 시간이 지나면 잊어버린다. 따라서 정확한 기록은 좋은 기사의 가장 기초적인 자료가 된다.

5. 책임과 윤리의식을 가져야 한다. 기자는 엄청난 특권을 누린다. 이러한 특권을 개인의 이익추구를 위해 사용해서는 안 된다.

밀착취재!
뉴스가 만들어지는 과정

뉴스는 보도지만 보도의 과정이 제조된 것이라는 비판을 받는다. 사실 뉴스를 수집하는 과정뿐만 아니라 제작하는 과정에서도 상당한 제약이 있다. 수많은 사람들의 가치 판단과 언론사 조직구조, 이해관계 등이 개입되기 때문이다.

정치, 사회문화, 경제적 측면에서 취재 환경의 제약을 받는 경우도 있다. 기사의 가공단계에서도 매체적 특성, 장르적 특성에 따라 정형화된다. 뉴스의 생산과정을 배우는 것은 실무적인 지식을 쌓는 일이며, 이를 통해 뉴스의 본질에 대해 보다 더 이해할 수 있다.

뉴스의 수집

뉴스의 수집은 직접 취재, 홍보자료, 관행적 공급자로 크게 나눌 수 있다. 직접 취재는 말 그대로 발로 뛰어서 뉴스거리를 수집하는 것이다. 기자들의 출입처 제도를 예로 들 수 있다. 기자들에게는 저마다 출입

처라는 것이 있다. 자신의 관할구역이라
고 보면 된다. 경찰서가 자신의 출입처인
기자도 있고, 여타 정부부서가 출입처일
수도 있다. 출입처 제도는 관행화된 직접 취
재 방식이다.

홍보자료를 통한 뉴스 수집은 간접적인 취재 방식으로 출입처나 그
외의 정보원에서 받은 자료와 보도문을 바탕으로 기사를 작성하는 것
이다. 이것에만 의존해서 기사를 쓰는 경우도 있지만, 추가적인 취재
를 하는 경우가 대부분이다.

각 매체는 다른 매체에서 뉴스거리를 얻기도 한다. '하늘 아래 새로운
것이 없다'는 말처럼 정말 새로운 것을 찾아낸다는 것은 쉽지 않다.
홍보자료나 관행적 공급자에게서 뉴스를 수집하는 것은 힘을 덜 들이
기 때문에 좋은 방법은 아니라고 생각할 수도 있다. 하지만 관행적 공
급자가 많을수록 뉴스가 풍부해지는 것은 사실이다. 몸이 열 개라도
부족한 기자들이므로 혼자서 모든 것을 직접 취재하기란 불가능하다.
홍보자료나 관행적 공급자는 이러한 직접 취재의 부족한 점들을 보완
해준다는 점에서 긍정적으로 생각할 수 있다.

뉴스의 가공

앞에서도 잠시 언급했지만, 기사는 그것이 실리는 매체에 따라 정형
화되기 때문에 그에 따른 제약을 받기 마련이다. 즉, 신문은 지면의 제

한을 받고, 방송은 시간과 화면 구성의 제약을 받는다. 뉴스의 기본 형식은 비슷하지만 매체적 한계에 맞춰 뉴스가 유형화되는 것이다.

인터넷이 저널리즘적 측면에서도 새로운 대안으로 떠오르는 이유가 바로 제약이 적다는 점 때문이다. 인터넷은 아무리 기사가 길어도 다 실을 수 있고, 멀티미디어적 요소도 자유자재로 사용할 수 있다.

기사 작성부터 인쇄까지 : 종이 신문의 예

기사가 만들어지는 과정을 순서대로 나타내면 다음과 같다.

> 담당기자의 기사작성 → 담당부장 검토 → 편집국장(부국장) 검토 →
>
> 편집부 검토, 제목 뽑기, 지면 배치 → 제작국 마무리작업 → 인쇄

담당기자가 기사를 쓰고 나면 데스크(부장, 편집국장)의 검토를 거친 후 지면 배치에 들어간다. 이때 흥미로운 점은 기사의 배치 등 신문의 구성을 담당하는 편집부에서 제목을 정한다는 것이다. 편집부의 역할이 끝나고 인쇄를 마치면 각 가정으로 신문이 배달된다.

기사 쓰기에 관한 모든 것

알짜 정보

글쓰기는 언론정보학과 수업의 핵심이라고 해도 과언이 아니다. 학부 4년 동안 기사뿐만 아니라 학기말 페이퍼, 영화 감상문, 시사-비평문에 이르기까지 다양한 종류의 글쓰기 훈련을 받게 된다. 그중 기사 쓰기에 대해 알아보자.

기사 쓰기의 기본 요소

기사 쓰기의 기본 요소는 정확성, 공정성, 객관성, 인용이다. 먼저 사실의 정확성을 들 수 있다. 신문의 왕이라 불리는 퓰리처는 신문에서 가장 중요한 것이 첫째도 정확, 둘째도 정확, 셋째도 정확이라고 말했다. 이름, 나이, 주소, 지위와 같이 조그마한 것들에서 오보가 나기 쉬우므로 다시 한 번 확인해볼 필요가 있다.

둘째는 공정성이다. 편파적이 아니어야 한다는 것이다. 이해 당사자들에게 공평한 기회를 주어야 하며 이는 취재는 물론 기사를 작성할 때에도 필요한 것이다.

셋째는 객관성이다. 자신의 주관을 기사에 넣지 말아야 한다. 기자는 취재대상과 일정한 거리를 유지해야 하며, 객관적으로 보고해야 한다. 개인적 의견이나 감정 등은 자제해야 한다.

마지막으로 인용은 정보원과 그로부터 얻은 정보를 정확하게 전달해야 하는 것이다.

기사 쓰기의 기본 원칙

기사 쓰기의 기본 원칙은 명확하고 간결하게 써야 한다는 것이다. 쓸데없는 수식어는 금물이다. 또한 쉬운 단어와 일상적이고 평범한 표현, 짧은 문장과 짧은 문단의 평이성을 살리도록 해야 한다.

각 언론사마다 표준어, 관용어, 상용한자, 외래어 표기, 약자 등의 표기에 대해 언론사만의 규칙을 정해놓은 '스타일북'이라는 것이 있다.

기사의 구성 요소

① 양식적 요소 : 제목-부제-리드-본문-기사작성 기자 이름(바이라인)

기사 쓰기와 제목 달기는 분리된 작업이다. 제목과 부제목은 편집부에서 뽑는다. 따라서 제목 결정에서 취재기자의 역할은 매우 제한적이다. 물론 기사의 내용과 제목이 어울리지 않는다고 판단되면 자신의 의견을 낼 수도 있다.

리드는 취재기자가 쓰는 첫 문장을 말한다. 리드는 기자가 독자에게 던지는 미끼, 식사에서 보면 전체요리, 옷을 입을 때의 첫 단추에 비유된다. 그만큼 리드가 중요하다는 것이다. 리드는 전체기사가 담고 있는 내용을 한 마디로 요약한 문장이다. 기사의 의미와 중요성이 축약돼 있고 독자가 기사를 읽어야 할 방향도 제시한다.

제목과 리드를 제외하면 기사의 나머지는 본문이다. 리드를 뒷받침하는 구체적인 사실이 제시되며 대게 역피라미드식으로 정리된다.

② 내용적 요소 : 육하원칙과 취재원

기사를 간단하게 요약하면 육하원칙(5W1H)으로 정리할 수 있다. 육하원칙은 기사를 구성하는 내용이다. '누가, 언제, 무엇을, 어디서, 어떻게, 왜'에 해당하는 내용 중 하나라도 빠지면 정확하지 못한 기사가 된다.

육하원칙 중 누가에 해당하는 것이 취재원이다. 취재원은 기사를 쓰기 위해 기자가 만나거나 전화로 통화한 사람 또는 기관을 말한다. 기사에서 '-에 따르면', '-는 …라고 말했다'가 취재원의 멘트를 인용한 부분으로 기사에서 중요한 위치를 차지한다.

③ 형식적 요소 : 역피라미드형

기자는 독자의 입장에서 궁금할 수 있는 점을 체크하고, 그것에 대해 답을 해주는 방식으로 기사를 구성한다. 먼저 리드에는 4W(누가, 무엇을, 어디서, 언제)가 들어가고 그다음에 리드의 정교화(어떻게, 왜) 단계가 이어진다. 리드에서 빠진 중요한 내용, 그다음 세부적인 내용, 사람들의 진술, 기타 사항이 단계별로 나오는 것이다.

이렇게 역피라미드 형식이 발달하게 된 이유는 크게 두 가지다. 먼저 독자가 정보처리를 쉽게 하기 위해서다. 한 줄만 읽어도 그 기사와 관련된 핵심적 사항을 알도록 도와줘야 한다. 두 번째는 편집의 용이성을 위해서다. 지면이 부족해 기사를 줄여야 하기 때문에 편집자들은 기사의 길이를 가지고 고민하는 경우가 많다. 이때 역피라미드 형식으로 기사를 쓰면 뒤에서부터 잘라도 기사의 흐름을 해치지 않기 때문에 쉽게 편집할 수 있다. 역피라미드 형식에는 이러한 장점도 있지만 너무 공식에 맞추기 때문에 기사가 천편일률적이 된다는 단점도 있다.

기사 작성의 4단계 접근법

1단계 : 기사의 주제를 세밀하게 정하기

다루고자 하는 기삿거리에 초점이 잘 맞춰졌는가?
혹시 다른 관점에서 접근해야 하는 것은 아닌가?

2단계 : 자료수집 또는 취재작업

더 필요한 자료는 없는가?
새로운 취재원을 접촉해야 하는가?

3단계 : 기사 골격의 구성

기사 틀을 어떻게 할 것인가?
자료를 제시하는 순서는 만족스러운가?
리드는 제대로 정했는가?

4단계 : 기사 고치기

전체적으로 기사의 흐름은 좋은가?
결정적인 자료가 누락되지는 않았는가?
글의 흐름과 어휘의 선택은 자연스러운가?
문법과 어법을 잘 지켰는가?

언론학과 수업 Ⅰ,
기사를 작성하라!

첫 번째 실습 : 스케치기사 쓰기

스케치기사는 말 그대로 사건 현장이나 행사 등 실제 상황을 그림을 그리듯이 묘사해서 서술하는 기사다. 따라서 참석자들의 반응과 분위기를 전달하고, 있는 모습을 구체적으로 생생하게 묘사하는 게 제일 중요하다. 또한 객관적 시각과 안목으로 표현하되 지나친 형용사나 부사의 사용은 피해야 한다.

자, 그럼 실제로 대학에서 기사작성 기초수업의 실습은 어떻게 이루어지는 살펴보자. 다음은 언론정보학과 학생의 스케치기사 쓰기에 대한 실습일지다.

4월 5일 월요일

기사작성 기초수업에서 처음 주어진 과제는 스케치기사 쓰기. 2주 정도의 시간이 있다. 시간을 잘 분배하여 알찬 기사를 쓰기 우해 오늘부터 취재일기를 써봐야겠다.

4월 6일 화요일

기사를 써야 하는데, 뭘 써야 할까? 기삿거리부터 선정해야겠다. 음, 스케치기사의 특성을 잘 살릴 수 있는 것이 좋겠다. 어제 TV에서 여의나루에 벚꽃놀이 온 사람들 모습을 본 기억이 났다. 무작정 여의나루의 풍경을 스케치하는 것은 별 의미도 없을 뿐더러 기삿거리도 많지 않을 것 같다. 테마가 있으면서 봄의 풍경이 녹아있는 것을 다뤘으면 한다.

생각이 여기까지 미치자 일간지 지역면에서 봤던 각종 행사 소개들이 떠올랐다. 그냥 행사 리뷰는 재미가 없을 것 같지만, 특이한 행사의 경우 흥미로운 주제가 될 수도 있겠다고 느꼈다. 지방에서 올라와 한창 서울구경 하겠다며 잡지와 신문을 보고, 인터넷을 헤매고 다녔는데……. 그때 얼핏 봄·가을에 시청 야외에서 공연을 한다는 걸 본 것 같았다. '하늘 아래 새로운 기사는 없다'더니 이런 걸 두고 한 말이구나! 이처럼 기자가 직접 체험한 것이나 간접적으로 본 것들을 기사화하기 때문에 나온 말이라는 걸 알게 됐다. 그래도 나름대로 잘해보면

(?) 좋은 기사를 쓸 수도 있을 것 같다(혼자 신났음– –::).

이런 기사는 일간지에서는 소개만 해주었지 어떤 풍경인지 이야기해 주지 않았던 것 같다. 우선, 교수님께 소재에 대해 여쭤봐야겠다. 그리고 취재를 시작해야지!

4월 7일 수요일

서울시에서 마련하는 '시청 뒤뜰 문화행사' 에 대한 기사를 쓰기로 마음먹었다. 사전지식이 있어야겠다는 생각에 내가 즐겨 쓰는 신문검색 사이트인 카인즈(www.kinds.or.kr)에 들어가서 '시청 뒤뜰 문화행사' 에 대해 검색해보았다. 그리고 조선일보와 매일경제에 이를 소개한 기사가 실렸다는 것을 알게 됐다.

기존의 신문기사보다 더 좋은 기사를 쓰고자 하는 욕심에서 두 기사를 모두 봤다. 둘 다 스케치기사는 아니었고 '이런 행사가 있습니다'는 식의 짤막한 행사일정 소개기사였다.

제목도 '시청 뒤뜰서 공연', '시청 뒤뜰서 점심시간 음악회' 다. 난 더 멋진 제목을 뽑아야지~. 이러다 소설 쓰게 되는 건 아닌지 모르겠다. 아무튼 기존 기사를 통해 얻은 수익이 크다. 몇 가지 사실들을 알게 되었으니 말이다.

이 행사는 4월 9일부터 시작되며, 점심시간 12시부터 50분간 매주 화, 금요일, 본관 열린마당과 별관 소공원에서 열린다는 것이다. 우선 배경지식이 생겼다.^^* 미흡한 점들은 취재를 통해 보완해 나가야겠다.

4월 8일 목요일

스케치기사라고 무조건 가서 행사만 보면 되는 게 아니다. 그래 취재를 시작해야지! 교수님께서 문장력보다는 취재력이 더 중요하다고 강조하셨으니 말이다. 사실성이 부족해서 기사가 수필이 되지 않도록 취재원부터 구해봐야겠다.

먼저 행사를 주관하는 시청 관계자를 만나야 하고, 너가 취재하는 날 나오는 출연자도 만나면 좋을 듯하다. 무엇보다도 사람들의 반응도 살펴야겠지? 이 행사가 점심시간을 이용한 공연이니 보러 오는 사람은 아마도 시청 직원이 제일 많을 것이고, 근처에 있는 직장인, 일반시민 정도가 될 것 같다. 이런 사람들을 고루 취재할 수 있으면 좋을텐데……. 생각이 여기까지 미치니 더 복잡해진다. 스케치기사도 결코 만만한(?) 것이 아니었다.

우선 가장 손쉬운 방법인 인터넷으로 자료를 찾기 시작했다. 시청 홈페이지가 복잡해 원하는 정보를 찾아보기 힘든 구조로 이뤄졌다는 사실을 느꼈다. 게다가 여러 문화행사에 대한 소개는 있는데 정작 내가 취재하고자 하는 뒤뜰 공연에 대해서는 별 말이 없다. 음, 직접 전화해

서 물어보는 게 빠를 것 같다. 전화번호가 777-○○○○다.

13일 공연하는 그룹은 가디룩이다. 가디룩? 처음 듣는 이름인데, 홈페이지가 따로 있었지만 2003년 이후로 거의 손을 대지 않은 상태였다. 이 그룹이 록밴드라는 것과 팝송을 부르기로 예정되어 있다는 것 그리고 지하철 문화행사 때 가끔 오는 정도라는 사실만 건졌다. 휴~ 데드라인의 압박이 벌써부터 느껴진다. ㅠㅠ

4월 9일 금요일

어제 교수님께 메일을 보냈는데 답이 왔다. 내가 선정한 스케치기사의 주제에 대해 긍정적인 답변이 돌아왔다. 그리고 몇 가지 조언을 해주셨다.

먼저 스케치기사도 엄연한 기사인 만큼 여러 요소들을 포함시키면 좋다는 것. 시청 앞 광장이 언제, 어떤 목적에 의해 조성됐는지 알아보면 좋을 것 같다고 하셨다. 이건 미처 생각지 못한 부분이다. *^^*

또 시청 앞의 의미에 대해서도 생각해 보라고 하셨다. 이건 나도 월드컵과 촛불시위를 생각하며 시청의 이미지와 연결해 보려고 나름대로 야심차게(?) 생각하고 있던 부분이었다. 핫! 1987년 6월 항쟁의 무대였다는 것까지는 미처 생각하지 못했지만 말이다.

그리고 가장 중요한 부분에 대해 지적해주셨는데 그건 자칫 잘못하면 홍보성 기사로 흐르기 쉽다는 거였다. 기자만의 비판적 시각과 날카

로운 지적을 덧붙여라~.

마지막으로 당일 분위기를 꼼꼼하게 스케치하고
이런 요소들을 첨가하면 좋은 기사가 될 것 같다
고 격려도 해주셨다. 갑자기 어깨가 무거워진다.
그런 의미에서 오늘은 질문지를 짜봐야겠다. 먼저,
시청 관계자에게 궁금한 점을 몇 가지 물어봐야지.

4월 10일 토요일

드디어 첫 취재를 했다. "안녕하세요? 서울대학교 언론정보학과 학생
입니다. 다름이 아니라 기사작성 기초라는 실습과목의 일환으로 시청
뒤뜰 문화행사에 대해 취재하고 있는데요, 몇 가지 궁금한 점이 있어
서 연락드렸습니다."라고 내 소개를 했다. 일반 기자도 아니고, 숙제
로 하는 일이라고 무시하면 어떡하나 걱정이 됐다. '그냥 기자라고 속
일까?' 라는 생각도 해보았지만 양심상 그럴 순 없었다.

하지만 걱정했던 것보다 무난하게 취재를 할 수 있었다. 시청 뒤뜰 행
사를 담당하는 총무과 주임과 이야기를 나눴다. 어제 준비한 질문지
를 바탕으로 질문을 했다. 나름대로 성실하게 답변해주셨다.

여러 수확이 있었는데, 우선 화요일에 공연할 그룹이 가디록에서
N.B.K로 바뀌었다는 것과 그전까진 시청 자체 내에서 기획했지만, 이
번부터 행사를 외부 공연 기획사에 맡겼다는 것이다. 아직 기자로서

순발력이 모자라도 한참 모자라 전화를 끊고 나서야 그 외부업체가 어딘지 궁금해졌다. 이런 − −;; 어쩔 수 있나? 구차하지만(?) 다시 전화해서 물어봤다. 공연예술기획210이라는 곳이었다. 이 기획사에 궁금한 부분을 더 묻고 N.B.K에 대해 자료를 조사해야겠다.

4월 11일 일요일

글을 잘 쓰고 싶으면, 다른 사람이 쓴 글을 많이 보라는 말을 들은 적이 있다. 그런 의미에서 스케치기사를 찾아보았다. 마침 부재자 투표를 스케치해 놓은 기사가 있었다. 연세대 백주년 기념관 투표소의 모습이었는데, 마침 나도 그곳에서 투표를 했기 때문에 흥미를 가지고 읽어보았다. 역시, 포인트는 스케치 속에 숨 쉬고 있는 정보인 것 같다. 아, 오늘은 자기 전에 시청 뒤뜰 행사를 기획한 외부업체와 공연팀에게 질문할 거리를 생각해야겠다.

4월 12일 월요일

내일이면 드디어 현장에 나간다.^^;; 한 가지 맘에 걸리는 것은 야외공원이라 날씨의 영향을 받는다는 것이다. 기상청 홈페이지에 가보니 구름이 약간 낀다고 되어 있고 다행히 비 소식은 없다. 준비 다 했는

데 비가 오면 얼마나 허망할까! 막말로 기사 깨진다는 게 이런 것이겠구나 하는 생각이 든다.

시청 홈페이지에 들어가서 장소를 확인했다. 별관은 2호선 ⑪번 출구나 ⑫번 출구로 나가면 된다니 기억해둬야지. 워낙 방향치라 낯선 곳에 가는 것에 대해 두려움이 있어 자세히 알아두지 않으면 안 된다. 그럼 내일 시민들에게 어떤 이야기를 들을지 질문지를 또 짜봐야겠다. 그리고 카메라도 충전시켜 놓고 자야겠다. 설레기도 하고 걱정도 되는 월요일이다.

4월 13일 화요일

취재를 하는 날이다. 새벽에 눈이 떠졌다. 날씨가 걱정되어서다. 물론 맑을 거라는 예보는 보았지만 그래도 안심이 안 되었던 탓이다. 다행히도 구름이 없는 걸 보니 맑을 것 같았다. 이런저런 준비를 하고 도착하니 11시 30분이었다. 물어물어 시청 별관에 도착했다. 30m 정도 걸어가니 소공원이 나왔고 현수막도 걸려 있었다. 아직 준비하는 사람들밖에 없었고 취재를 하러 온 듯한 사람이 몇 명 있었다. 준비해 간 디카로 사진을 찍었다. 그리고 나름대로 분석(?)에 들어갔다. 최대 수용 인원은 어느 정도 될 것인지 등등.

아무튼 중요한 건 행사 스케치에 있지만 시민이나 다른 직장인들이 없어서 아쉬웠다. 대다수가 시청 직원들이었다. 그리고 행사가 지연

되어 하마터면 스케치기사를 넘어서 문제 고발기사가 될 것 같다는 생각도 들었다.

얼굴에 철판 깔고 이 사람 저 사람 옆에 앉아서 준비해 간 질문을 물어봤다. 외부기획사 대표와 록밴드 대표하고도 취재를 할 수 있었는데 솔직히 이런 사람들보다 일반 사람들을 상대로 물어보는 게 더 떨리고 힘든 것 같다.

외부기획사 대표는 인터뷰를 정말 많이 한 사람 같았다. 질문을 많이 당해본 사람에게서 풍기는 분위기라고 해야 하나? 암튼 막힘없이 줄줄 약간 거창하게 설명을 해줬다. 전화취재를 한 주임님도 만나 부족한 부분을 더 문의했다.

행사를 마치고 시민 한 분께 소감을 물었는데 막 화를 내면서 나에게 따졌다. 아마도 내가 행사 관계자인 줄 알았나 보다.^^;; 덕분에 난 온갖 시선을 다 받아야만 했다. 웬 아저씨가 학생에게 고래고래 고함을 치니 안 볼 사람이 어디 있겠는가! 그 와중에도 태연한 척하며 그 사람 멘트를 쓰느라 혼났다. 솔직히 너무 당황해서 이름과 나이, 사는 곳을 물어보지 못한 게 한이 된다.

이렇게 취재는 끝이 났다. 이젠 부족한 부분을 보충하고 정말 기사를 써야 한다. 대강 개요를 머릿속에 그려놓고 기사로 옮겨야지! 취재는 끝났으나 앞으로의 일이 더 막막하다.

시청 뒤뜰에서 부는 봄바람
"4월 아름다운 봄날을 멋진 공연과 함께하세요!"

13일(화) 시청 별관 소공원에서 록 콘서트가 열렸다. 이는 서울특별시가 주최하는 시청 뒤뜰 문화행사의 일환이다.

행사 시작 30분 전 시청 주위는 점심시간을 맞은 직장인들로 붐볐다. 이미 한 식당 앞에는 자리가 없어 서서 기다리는 사람들도 있었다. 서울 시청 근처에는 효성빌딩, 서울은행 등 여러 회사가 있다. 시청 별관은 지하철 2호선 11번 출구에서 100여m 떨어진 곳에 있다. 별관 정문에서 30m 정도 걸어가 우측으로 돌면 소공원이 나온다. 별관에 도착해 경쾌한 음악에 이끌려 가면 '매주 화요일 정오에 서소문 별관 소공원에서 공연을 해요' 라는 현수막을 볼 수 있다.

시청 뒤뜰 문화행사는 시민들의 정서함양을 위한 것으로 1999년 가을부터 시작해 총 61회 공연을 했다. 낮 12시부터 50분간 펼쳐진다. 행사를 담당하는 총무과의 김성민 주임은 "올해는 전문 공연기획사에서 준비해 아카펠라와 무용공연 등 다채롭고 알찬 프로그램이 마련돼 있다"고 밝혔다.

공연이 시작하기 5분 전부터 사람들이 모여들었다. 이들은 준비된 음료수를 먹거나 팸플릿을 보며 자리에 앉았다. 돌과 나무로 된 의자와 간이의자까지 합쳐 총 110명까지 수용가능하며 행사에는 평균 30~70명이 온다. 이날도 60명 정도가 참여했다. 소공원에서 만난 이근우(52·서초동)씨는 "친구 보러 근처에 왔다가 구경이나 하고 가자는 생각에 왔다"고 말했다. 행정 관련 업무 아르바이트를 한다고 밝힌 최수훈(27)씨도 "밥을 먹고 이쪽으로 걸어오다가 노랫소리를 듣고 앉았다"며 무더운 날씨 때문인지 아이스크림을 먹으며 답했다.

20분이 지나도 좀처럼 시작될 기미가 보이지 않자 돌아가는 사람도 생겼다. 그제야 관계자의 죄송하다는 말과 함께 N.B.K의 공연이 시작됐다. N.B.K는 고려대학교 록밴드로 소요락 페스티벌에서 자작곡 '난나나'로 금상을 수상한 바 있다. 이 곡을 포함한 자작곡 4곡과 유행가 1곡, 팝송 1곡까지 총 6곡의 노래를 선보였다. 보컬이 오지 않아 기타 2명, 베이스 1명, 드럼 1명이 연주를 했다. 3곡만 드럼주자가 노래를 부르고 나머지는 반주만 했다. 박수를 치거나 고개를 흔들어 박자를 맞추는 사람들이 눈에 띄었다. 디카로 록밴드의 모습을 담는 이도 있었다. 하지만 "악단이 준비돼 있으니 내가 가서 노래를 불러야겠다"며 보컬이 없는 공연에 실망을 드러내기도 했다. 이에 대해 N.B.K는 "죄송하다. 헤비메탈 음악의 흥겨운 분위기로 용서해 달라"고 말했다.

대부분이 따뜻한 봄날에 마련된 콘서트에 만족했으나 진행이 늦어진 점에 대해선 아쉬워했다. 김경덕(38)씨는 "행사가 지연돼 아쉽긴 해도 점심시간을 유용하게 보낸 느낌이다"며 소감을 전했다. 신문을 보고 왔다는 류경미(45·후암동)씨는 "날씨도 맑아 기분은 좋다. 하지만 나 혼자 시민인 것 같아 약간 당황스럽기도 했다."며 홍보가 부족한 것 아니냐는 지적도 했다. 이에 대해 행사를 주관한 공연예술기획210 대표는 "시민들이 쉽고 친숙하게 시청과 문화에 다가서기 하는 것이 목적인 만큼 더 노력하겠다"고 전했다.

두 번째 실습 : 인터뷰기사 쓰기

인터뷰는 기자와 취재원이 접촉하는 여러 가지 대화방식을 말한다. 인터뷰는 기사를 생산해내는 중요한 방편으로, 인터뷰기사라고 해서 인물에 초점을 맞추기도 한다.

인터뷰기사에서 주를 이루는 것은 메인 인물이지만, 그 사람과 인터뷰만 하고 기사를 쓰는 게 인터뷰기사라고 생각한다면 그건 오산이다. 주위 사람들과의 보충취재가 필요하다. 또한 인물의 무엇에 초점을 맞출 것인지에 대한 고민도 해야 한다. 자, 언론정보학과 학생의 인터뷰기사 쓰기에 대한 실습일지를 함께 보자.

기사의 구조

① 미유끼라는 일본인 – 나이, 고향, 가족관계 등

② 한국에 오기까지 과정 – 한국과의 인연, 지원 동기와 과정, 한국어 공부
　이야기 등

③ 한국에 와서 생긴 일 – 하루일과, 여가생활, 기숙사 생활, 문화적 에피소드

④ 친구들이 생각하는 미유끼 – 잔정이 많고, 순수하다 등등

⑤ 앞으로 미유끼의 계획과 마무리

누구를 인터뷰하면 좋을까? 교수님께서는 인터뷰 대상자가 저명한 인물일수록 좋다고 하셨다. 접근하기 어려운 조인성을 인터뷰해 오면 A학점을 주시겠다는 농담도 하셨다. 인터뷰 대상이 유명하지 않다면 이야기가 있는 인물을 택하라고 하셨다.

그래서 생각한 것이 우리나라에 와있는 교환학생이다. 일본인 교환학생 미유끼가 한국 학교와 생활에 적응하는 모습을 기사에 담으면 재미있을 것 같다는 생각이 들었다. 일본인 교환학생으로서의 미유끼와 개인으로서의 미유끼를 모두 다루되 전자에 약간 더 비중을 둘 예정이다.

일본인 교환학생의 좌충우돌 한국 적응기! 물론 미유끼와 당연히 인터뷰는 해야 하는 것이고 그 외의 취재원은 누가 있을지 생각해보았다. 미유끼의 룸메이트를 비롯한 친구들, 기숙사 담당 사감선생님, 국제교육원에서 교환학생 프로그램을 담당하고 있는 교직원 등이 좋을 것 같다. 사람 만나는 것을 싫어하는 사람은 기자가 될 수 없겠구나 하는 생각이 절로 든다.

취재를 마치고 생각했다. 기사의 리드는 "한국 학생보다 더 한국적이에요"로 해야겠다고. 이는 미유끼의 친구들이 공통적으로 그녀를 평한 말이다.

일본인 교환학생의 한국 생활

"우리보다 더 한국적이에요"

한국 학생들에게서 한국적이라는 평가를 받는 일본 교환학생이 있다. 한국 고유의 색채가 묻어나는 일본인을 상상한다는 것은 결코 쉬운 일이 아니다. 기대와 호기심을 안고 10일(월) 그녀가 살고 있는 기숙사를 찾았다.

기숙사에 살고 있는 학생들 사이에서 '언니'로 통하는 미유끼(23). 일본 도쿄 쓰다쥬 대학교 4학년인 그녀는 올해 교환학생으로 선발돼 한국에 왔다. 한 학기 평균 80명의 교환학생이 오며 이들 중 대부분은 일본인이다. 가족관계를 묻자 할머니, 어머니, 여동생과 고양이 3마리, 강아지 1마리라고 대답하는 그녀. 고향은 일본 열도의 가장 북단에 위치한 홋카이도다.

한국과의 인연은 공교롭게도 올림픽과 월드컵이라는 양대 스포츠 행사에서 비롯됐다. 6살 때 88서울올림픽을 통해 한국을 처음 알게 됐고, 잊고 지내다 한일 월드컵 공동개최를 통해 변화된 한국을 발견했다고 한다. 미유끼는 대학에서 동아시아학을 전공하며 한국에 대해 자세히 알고 싶다는 생각을 했다고 말한다. 이때부터 배우기 시작한 한국어가 이제는 수준급이다.

진정한 포스,
저널리즘의 모든 것

"예전에는 한국어를 취미이자 특기라고 자랑스럽게 내세웠는데 한국에 온 이상 생활이 돼버려 새로운 취미와 특기를 개발해야 할 판이다"는 투정 속에서 한국에 대한 애착이 묻어났다. 처음에 한국으로 교환학생을 가겠다고 하자 주위 사람들은 왜 미국이나 영국에 가지 않느냐고 했지만, 지금도 자신의 결정이 옳았다는 것을 확신한다.

그녀의 한국 대학 생활은 어떨까? 오전에는 한국어 공부를 하고 오후엔 북한 정치론과 같은 전공 관련 수업을 듣고, 저녁대 세미나에 참석한다. 과제하느라 주말도 없다는 불만은 한국 학생과 다를 바 없어 보인다. 일본에서는 하키 동아리를 하며 운동을 즐겼고, 한국에 온 후로는 대안학교에 찾아가 일본 문화를 알리는 봉사활동을 한다는 미유끼는 다방면에 관심이 많다고 했다.

미유끼는 한국 학생과 함께 생활하는 기숙사 학생관어 사는 16명의 교환학생 중 한 명이다. "기숙사 생활이 불편할 법도 한데"라는 질문에 "이제 적응 다 됐다"며 손사래를 쳤다. 맵고 짠 음식도 익숙해졌고 한국인 친구들도 많이 있다고 말했다. 한국인이라고 속이고 나간 소개팅에서 결국엔 들통 나긴 했지만 애프터 신청도 받았다고 자랑했다.

물론 한국에 온 초기에는 여러 시행착오를 거쳤다. 문화적 차이로 놀란 적도 한두 번이 아니란다. 일본에서는 여자끼리 팔짱을 끼지 않고 애인 사이도 어깨동무를 안 하는데 한국에선 동성 친구끼리 팔짱을 끼거나 어깨동무를 하는 것을 보고 너무 놀랐단다. 가장 많이 실수를 한 부분은 언어와 관련된 것이다. '교통사고를 만났어'와 같이 주술호응이 틀린 경우부터 점심 때 나온 생선을 보며 '난 물고기가 맛있어'처럼 잘못된 단어를 선택해서 한국 친구들을 배꼽 잡게 한 경험이 여러 번 있다. 룸메이트 성혜림은 "내가 친구들한테 누구야 하며 성을 빼고 이름만 부르는 것을 본 미유끼가 리포트에 김일성과 김정일을 '일성이와 정일이는'이라고 적어 기절하는 줄 알았다"고 귀띔했다.

룸메이트를 비롯해 3명의 한국 학생이 "응원차 왔다"며 인터뷰를 도왔다. 미유끼는 사람들과 친해지려면 시간이 오래 걸리는 성격이라고 말했지만 이들은 미유끼가 순진하고 착해 친구들 사이에서 인기가 좋다고 전한다. 미유끼의 담당 사감인 유병국(48)씨는 '잔정이 많은 아이'라고 평했다.

일본인이라고 편견을 가지고 대하는 사람은 없었느냐고 묻자 대부분

친절히 대해주는데 간혹 "일본인 개개인은 좋지만 일본이라는 나라는 싫다"고 말하는 친구들이 있단다. 일본에서는 역사시간에 일본이 저지른 잘못된 행동을 가르쳐주지 않기 때문에 예전엔 자신도 몰랐다고 했다. 그녀는 일본에

대해 거부감을 지닌 한국 친구들에게 대화로 다가가며 더 친해지려고 노력한다고 말했다.

대학원에 남아 동아시아나 한국어 통역을 공부하거나 일본에 있는 한국 기업에서 취직하고 싶다는 미유끼. 이제 그녀의 삶 속에서 '한국'을 빼놓고 생각하기란 어려울 듯하다. 인터뷰를 마치고 사진을 찍을 때 자연스럽게 룸메이트와 어깨동무를 하는 그녀의 모습은 이미 '반 한국인'이었다.

최근의 저널리즘 경향을 알자!

저널리즘도 사회와 함께 변화한다. 시대의 요구에 부응해야 하는 것이다. 따라서 기자들에게는 시대의 요구를 감지할 수 있는 통찰력과 함께 부단한 자기계발이 요구된다.

온라인 저널리즘

인터넷 신문의 강점은 속보성과 현장성이다. 인터넷 신문은 뉴스기사를 제작과 동시에 배포할 수 있다. 종이 신문이 가지는 시간적 제약을 극복했다는 것이 최대 강점이다. 예를 들어 대형 건물에서 화재가 났다고 할 때, 종이 신문의 경우 그 다음 날 아침이 되어서야 화재에 관한 기사를 접할 수 있지만, 온라인 신문은 분 심지어 초 단위로 기사가 업데이트되며 새로운 사실을 알려준다.

상호 작용성 또한 인터넷 신문과 종이 신문을 구분 짓는 하나의 기준이 된다. 인터넷의 댓글 기능을 생각해보자. 누리꾼들은 기사의 내용이 잘못되었거나 수긍할 수 없을 경우 또는 기사에 대한 감상을 댓글을 통해 표현한다. 기자는 자신이 쓴 기사의 내용에 대한 피드백을 즉각 받을 수 있는 것이다. 또한 인터넷 신문의 경우 수정이 자유롭기 때문에 독자들의 의견을 반영할 수 있는 여지가 많다. 또한 인터넷 신문은 텍스트뿐만 아니라 사진과 그래픽, 소리, 동영상까지 제공할 수 있다. 기사에 대한 이해를 높이기 위해 멀티미디어적 정보를 제공할 수 있는 것이다. 물론 이러한 특성을 가진다고 해서 인터넷 신문이 종이 신문보다 우월하다고 단정 지을 수는 없다. 종이 신문은 속보성이

떨어지는 대신 심층적인 기사를 제공하기 때문이다.

시민저널리즘

시민저널리즘은 90년대 후반부터 미국에서 대두되고 있는 새로운 저널리즘 운동이다. 이 시기 미국은 위기의 시대였다. 정치적 불신, 냉소주의, 50% 내외의 투표율은 정치적 위기를 가져왔고, 언론의 공익적, 공론장 역할에 대해 회의하고 불신하는 등 언론계에도 위기가 닥쳤다.

당시 여론조사를 보면 언론이 사회문제 해결에 오히려 방해가 된다는 사람들의 견해를 볼 수 있다. 즉, 정치와 언론의 위기 더 나아가 환경파괴, 교육문제 등 공공영역에 있어서 미국사회의 해결 능력에 대해 국민들이 회의를 가지게 되었다. 이와 같은 상황에서 기자들 스스로도 언론의 한계를 인식하고 변화를 추구하게 된 것이 시민 저널리즘이 태동하는 계기가 된 것이다.

저널리즘의 궁극적인 목표는 공공의 삶을 증진하는 것이며 그러한 목적을 위해 적합한 취재방법과 보도 편집을 개발하자는 것이다. 또한 취재와 보도에서 시민이 중심이 되어야 한다는 생각에 시민의 위상이 더 높아졌다. 언론의 공론장으로서의 역할이 더 활성화되었다는 점에선 긍정적인 평가를 받고 있다. 반면 언론이 주관적, 타협적 보도를 할 가능성을 우려하는 목소리도 있다.

대안언론

인종, 성, 이념, 생활방식 등에 있어서 주류에 들어가지 못하는 사람들은 주류 언론에서도 소외가 되었다. 이러한 소외된 사람들이 대안언론을 시도하게 된다. 기존 언론제드에

반발해서 작은 신문이나 소출력 방송 등을 사용해 자신들의 목소리를 내는 것이 대안언론의 한 형태다. 또한 동성애 관련 잡지들도 여기에 포함된다. 예전에는 대안언론의 통로로 잡지가 많이 사용되었으나 최근에는 인터넷의 영향으로 웹진이 많이 쓰이고 있다.

저널리즘도 사회와 함께 변화한다. 시대의 요구에 부응해야 하는 것이다.

히스토리

한눈에 보는 언론정보학의 역사 Ⅱ
대중매체의 출현

산업혁명은 인류의 삶 자체를 크게 바꾸었다. 조그마한 지역 공동체 위주의 사회는 산업혁명에 따른 도시화와 공업화에 의해 거대한 대중 사회로 변모했다. 대중 사회에서는 예전의 소규모 집단 사회에서 가졌던 친근한 이웃사촌끼리의 자유로운 커뮤니케이션을 하기가 힘들다. '호모 커뮤니쿠스'적 본성을 지닌 인간은 서로 커뮤니케이션을 하지 않으면 소외감을 느끼고 절망하게 된다. 그래서 사회학에서 말하는 대중 사회의 출현에 따른 무질서적인 행태인 사회적 아노미 현상이 나타나게 된 것이다. 따라서 대중 사회의 커뮤니케이션 욕구를 충족시키기 위한 커뮤니케이션 시스템이 필요하게 되었는데, 이것이 바로 매스미디어를 통한 대중 커뮤니케이션이다.

역사적으로 가장 먼저 나타난 대중매체는 신문이었다. 윤전기 도입에 따른 고속 인쇄 기술의 발전으로 대량인쇄가 가능해져 19세기 말에는 소수 정치 엘리트나 상업적 정보가 필요했던 부르주아 계급들만 비교적 고가로 구입했던 엘리트 신문이 싼값의 대중신문으로 바뀌었다.

대중매체의 출현은 인류 기술문명의 발전과 행보를 같이한다. 인간의 호모 커뮤니쿠스적 본성을 고려해볼 때 당연한 결과다. 인류의 삶을 더욱 편하게 하기 위해 발명된 새로운 기술은 인간의 본능적 욕구를 충족하는 데 가장 먼저 적용하기 때문이다.

산업혁명의 1차적 산물인 기계적 신기술의 확장은 윤전기라는 인쇄 기술의 혁신과 함께 대중매체로서의 신문의 발행을 가능케 하였고, 산업혁명의 2차적 성과인 전자, 전기 기술의 발전은 유선통신 기술과 무선통신 기술을 이끌어냈다. 이 중에서 무선통신 기술이 인간 커뮤니케이션시스템에 적용되어 나타난 대중매체가 바로 방송이다.

무선통신 기술은 초기부터 군함과의 통신 등과 같은 군사적 목적에 의해 집중적으로 개발되었다. 이러한 무선통신은 제1차 세계대전을 거치면서 기술적으로 큰 진보를 하게 되었고, 안정적으로 무선신호를 송수신할 수 있는 무선통신 기기를 싼값에 대량 생산할 수 있는 체제를 갖추게 되었다. 문제는 이러한 무선통신기의 판매처였다. 여기서 미국식 자본주의의 생산과 판매시스템이 작동하게 되는데, 즉 신기술에 의해 창조된 생산물 판매를 위해 대중적 수요를 만들어내는 시장 수요창출을 말한다.

제1차 세계대전이 끝나면서 무선기 제조회사들은 막대한 군용 무선기시장을 대체할 만한 수요시장을 개척할 필요가 생겼다. 이때 젊은 무선통신 기술자인 사르노프가 'The Radio Music Box'를 제안했다. 무선기에서 송신회로를 제거해 수신만 할 수 있는 기기를 만들어 제조원가를 싸게 하여 일반 대중에게 팔자는 아이디어를 낸 것이다. 대중 수신기를 팔기 위해서는 사람들이 돈을 내고 수신기를 살 만한 가치가 있는

히스토리

흥미로운 콘텐츠를 실어 송신해야 하는데 이것이 바로 당시 축음기에 의해 퍼지고 있던 레코드음악을 틀어주는 것이었다. 이 아이디어를 기반으로 현대적 방송시스템이 만들어졌다. 즉, 하나의 방송사에서 음악 등 일반 대중들이 재미있어 할 다양한 콘텐츠를 넓은 지역을 대상으로 무선전파를 사용해 송신하면 대중은 수신기능만 있는 기기로 수신한다는 방송시스템이 바로 그것이다.

텔레비전은 라디오의 청각적 메시지가 시청각적 메시지로 바뀐 것뿐이지 기본적 방송체계는 똑같다. 사르노프는 이 아이디어를 현실화해 미국 최초의 방송국인 NBC방송사의 사장으로까지 승진하였으며, 미국 방송의 아버지라고 추앙받고 있다.

최초의 방송은 라디오 수신기 판매 수익에서 방송의 운영재원을 얻었다. 하지만 대중신문이 기업의 광고를 유치해 광고요금으로 주요 재원구조를 마련한 것처럼 방송도 방송시간을 분할해 광고시간으로 만들어 판매해서 생긴 광고비를 주된 재원으로 하면서 미국의 상업방송시스템이 만들어졌다. 물론 우리나라의 KBS1 채널과 같이 광고 없이 수신료로만 운영되는 공영방송 체제도 있다.

우리나라 방송의 역사

우리나라의 방송역사는 일제 강점기에서부터 시작한다. 일제 강점기인 1927년 2월 16일 경성방송국이 호출부호 JODK로 서울에서 최초로 정규방송을 시작하였다. 무선은 나라 간 국경을 아무런 제재 없이 넘나들

타이타닉호의 침몰과 라디오 방송의 탄생

몇 년 전 영화로 만들어져 많은 사람들을 눈물짓게 했던 타이타닉호 침몰 사건은 아름다운 로맨스와는 거리가 먼 비참한 사고였다. 당시 최신, 최고의 기술로 건조된 이 배는 최초 항해 중이던 1912년 4월 14일 거대한 빙산과 충돌하면서 배 옆에 커다란 구멍이 나 2시간 40분 후에 침몰하게 된다.

이때 차가운 바닷물과 함께 수장된 1,500여 명이 넘는 사망자 대부분은 당시 아일랜드나 영국에서 신대륙 미국으로 꿈을 찾아 이민을 가던 가난한 3등 선실 승객이었다.

이 배는 최첨단 선박답게 당시로서는 최고 수준의 무선통신 설비를 갖추고 있었다. 타이타닉호는 빙산에 부딪힌 후 거의 3시간 가까이 물 위에 떠있었기 때문에 무선통신을 통해 구조신호(SOS)를 타전할 수 있었다. 하지만 이 구조신호를 주변을 지나던 선박들이 수신하지 못하고 수천 km 떨어진 미국 대서양 연안의 무선통신기지에서 수신했다. 당시 이 기지의 관할 책임자가 사르노프였는데, 그는 타이타닉호 침몰 이후 며칠에 걸쳐 구조 선박들과의 무선통신 결과를 언론매체에 중계하면서 무선통신이 가지고 있는 대중적 파급 효과에 대해 많은 생각을 하게 되었다. 그리고 이것을 기반으로 하여 'The Radio Music Box'라는 아이디어를 제안하게 된다. 아이러니하게도 최대 해양참사 중 하나인 타이타닉의 침몰이 20세기 최고의 대중매체인 방송의 출현을 도와준 것이다.

수 있어 전파의 발신지를 식별할 수 있는 부호, 즉 호출부호를 세계무선통신연합(ITU)에서 부여받는다. 일제 강점기 시대에는 우리나라가 주권국가가 아니었기 때문에 일본에 할당된 호출부호인 JO를 써서 방송을 시작했다. 경성방송국 JODK는 알파벳 순서로 네 번째인 D를 썼기 때문에 일본에서 정식으로 허가된 네 번째 정규방송국으로 볼 수 있다. 중일전쟁이나 태평양전쟁이 격화되면서 일본은 이 방송을 대국민 선전, 홍보도구로 사용하였다.

일본은 1940년 이전에는 부산(1935년), 평양(1936년), 청진(1936년), 이리(1938년), 함흥(1938년) 등에 지역방송국들을 드문드문 설립했는데, 전쟁이 본격화된 1940년 이후부터는 대구, 광주, 대전을 비롯해 전국 주요 도시 10곳에 집중적으로 세웠다. 전쟁기간 중이라 두선 송신설비와 같은 전략적 기자재가 부족했음에도 불구하고 말이다. 그 결과 일제 말기에는 전국 대부분이 경성방송국의 가청권역이 되었다.

특히 일제가 항복하기 두 달 전인 1945년 6월 16일에 청주방송국을 개국한 것을 보면 당시 일본정부가 얼마나 방송을 통해 우리 국민들의 전쟁동원 홍보에 노력을 기울였는지를 짐작할 수 있다.

해방 후 우리나라가 독립하면서 방송주권을 찾아왔다. 1947년 9월 3일 미국 애틀란타에서 열린 세계무선연합기구 회의에서 우리나라는 전파주권국가로 인정받아 HL이라는 호출부호를 할당받게 되고,

같은 해 10월 1일 경성방송국의 후신인 지금의 KBS 제1라디오가 HLKA라는 호출부호로 처음 방송하였다.

우리나라의 방송역사를 1927년부터 셀 것인지 아니면 우리나라의 고유 호출부호로 방송한 1947년부터로 따질 것인지에 따라 한국방송역사가 20년이 늘었다 줄었다 한다. 즉, 한국방송 나이가 60살이냐 80살이냐 하는 문제인데 일본 당국에 의한 방송이라도 우리나라 영토에 방송현상이 존재한 날부터 방송역사는 시작했다고 보는 견해와 방송주권국가로 인정받고 방송을 시작한 날부터 셈을 해야 한다는 의견이 대립되어 있다.

여 기 서 잠 깐

자신의 생일날을 생일이라고 부르지 못하는 우리나라 방송

우리나라 최초의 근대적 신문인 〈독립신문〉의 최초 발행일인 4월 7일을 '신문의 날'로 제정해 기념하고 있다.

하지만 방송은 정작 자신이 태어난 날을 생일로 쇠지 못한다. 우리나라에서 최초로 정규방송 전파가 발사된 2월 16일은 일본 지배하에 있었기 때문에 생일날로 지키지 못하고, 전파주권을 찾아 HLKA라는 호출부호를 사용해 방송을 한 10월 1일은 다른 기념일(국군의 날)이어서 피해가야 했다.

그래서 세계무선통신연합에서 우리나라에 HL이라는 호출부호를 할당한 9월 3일을 '방송의 날'로 삼아 기념하고 있다. 이것은 방송이 여러 정치적, 사회적 압력과 영향 때문에 자신의 정체성을 지키기 힘들었던 우리나라 방송역사의 슬픈 단면을 그대로 보여주는 증거라고 할 수 있다.

방송과 영상 속으로
레디고!

우리는 영상문화의 홍수 속에 살고 있다. TV는 모든 가정이 1대 이상 가지고 있고, 지하철이나 버스 등 대중교통으로 이동하면서까지 개인 미디어를 통해 동영상 강의를 듣거나 미드를 시청한다. 요즘 등장한 영상통화는 영상의 영향력이 통신에까지 미치고 있음을 보여준다.

방송과 영상에 관한 수업은 디지털영상매체시대를 주도하는 영상 콘텐츠 기획과 제작, 유통에 대해 가르친다. 교과과정은 방송이나 영화에 대한 이해를 목적으로 하는 이론과목에서부터 사회문화적 가치와 아이디어를 영상표현으로 전환시키는 실무과목들까지 다양하게 구성되어 있다.

과목 알아보기

기초과목
- 디지털미디어와 문화
- 사진제작기초
- 영상디자인기초이론과 실습
- 영화의 이해

- 영상기획실습 I
- 멀티미디어 제작실습
- 라디오 제작실습 I

심화과목
- 영상기획실습 II
- VJ 실습
- 예능프로그램 제작실습
- 영상텍스트실습 II
- 특수영상효과이론과 실습
- 영화이론과 비평
- 영상커뮤니케이션이론
- 시트콤제작실습

- 디지털영상제작워크숍
- 인터넷 방송이론과 실습
- 교육방송론
- 방송현장실습
- 방송진행과 보도실습
- 다큐멘터리제작
- 영상미학
- 라디오제작실습 II

방송과 영상 속으로
레디고!

커뮤니케이션학으로서의
방송영상학

라디오, 텔레비전과 같은 시청각 전파매체는 그 역사가 짧음에도 불구하고 영향력이 막강하다. 어느 수준에선 이미 인쇄 매체를 넘어서는 정보, 교육, 오락의 매체라고 해도 과언이 아니다. 방송영상학은 이러한 전파매체 중심의 매스 커뮤니케이션 현상을 연구하는 커뮤니케이션 학문의 한 분야다. 초창기에 라디오와 텔레비전을 주요 연구대상으로 삼았으며 최근에는 정보통신기술과 디지털기술이 발달함에 따라 케이블TV, 위성TV, 인터넷매체, 영화, 비디오, 애니메이션 등 다양한 영상매체까지 포괄하고 있다.

방송영상학이 다루고 있는 분야도 포괄적이지만 심리학, 사회학, 언어학, 정치학 등 다양한 학문들의 영향을 많이 받았다. 언어에서부터 매스미디어와 대중문화에 이르기까지 광범위한 것들이 방송영상학의 연구영역이 된다.

방송영상학의 연구영역은 무엇인가

대학에서의 방송영상학 교육은 학문적 이론 못지않게 실무교육의 비중이 높다. 현장에서 쓰일 수 있는 실질적인 교육을 하기 위함이다. 학문영역에서 이루어지고 있는 것은 정책 연구, 생산자 연구, 콘텐츠 연구, 수용자 연구, 효과 연구 등이다.

① 방송 생산자 연구

방송 프로그램은 혼자서 만들 수 있는 것이 아니다. 여러 전문 분야의 인력들이 함께해야지만 완성도 높은 프로그램이 나온다. 따라서 프로그램 제작과정에 참여하는 연출자, 방송작가, 촬영감독, 방송기자, 아나운서, 연기자 등 방송 메시지를 생산하는 전 과정에 참여하는 이들 모두가 방송 생산자 연구의 연구대상이다. 제작관행이라든가 방송 전문인력 사이의 권력구조 등도 연구주제가 될 수 있다. 여기서 유념해야 할 것은 생산자 연구는 방송조직과 사회에 대한 거시적인 시각을 가지고 행해져야 한다는 것이다.

구체적인 생산자 연구사례로 텔레비전 드라마작가에 대한 연구를 살펴보자. 한국 텔레비전의 초기 드라마는 남성 작가와 연출가에 의해 제작되었다. 그러나 1990년대부터 여성 작가가 등장하였고 현재에는 여성 작가의 수가 남성 작가를 뛰어넘었다. 그럼에도 불구하고 방송 프로그램에는 가부장적인 가치관과 시각이 넘쳐나고 있다. 이러한 현상에 의문을 품고 인기 여성 드라마작가들과의 심층인터뷰를 통해,

여성 드라마작가가 급증하는 현상의 원인은 무엇이며 그들이 가지고
있는 진보적 여성의식과 드라마제작과는 어떤 관계가 있는지를 밝히
는 것이 방송 생산자 연구의 한 예다.

② 방송 콘텐츠 연구 : 메시지 · 텍스트

메시지 · 텍스트라고 불리는 프로그램은 방송영상산업이 만들어내는
최종 결과물이다. 방송영상텍스트는 전문 비평가뿐만 아니라 일반 시
청자들까지도 다양하게 해석하고 평가하는 대상이다. 학문영역에서
수행되는 메시지 · 텍스트 연구는 두 가지 접근 방식으로 나누어 설명
할 수 있다.

먼저 메시지의 전달과정으로 커뮤니케이션을 정의한 전달적 관점이
다. 메시지는 송신자가 의도적으로 전달하는 정보내용이며, 메시지를
분석하면 그 의도를 파악할 수 있다고 본다. 이러한 분석은 계량적 방
법론인 내용 분석을 사용한다. 예를 들어 TV
드라마에 등장하는 인물의 직업과 성별의 관
계에 대해 알아보기 위해 각각의 인물의 직업
과 성별의 수를 세어 비교하는 방법이다.

또 다른 방법은 의례적 관점이다. 커뮤니케
이션은 공유되는 경험과 믿음의 재현이며, 그
재현 속에서 현실이 생산되고, 유지되
고, 수정되고, 변형된다는 것이다. 방송과 영

언어에서부터 매스미디어와
다중문화에 이르기까지 광범
우한 것들이 방송영상학의
연구영역이 된다.

상매체에 대한 텍스트 분석은 텍스트에 숨겨져 있는 의미를 찾는 것으로 영화학에서는 기호학적 분석, 장르 분석 등 다양한 질적 방법을 이용한다.

③ 방송 수용자 연구

수용자는 매스 커뮤니케이션의 최종 도달지점이다. 방송 산업의 목표를 단순한 이윤추구로 본다면 프로그램당 시청자의 수, 즉 시청률을 분석하는 것이 수용자 연구의 핵심이라고 오해할 수도 있다. 하지만 학문영역에서 수용자 연구가 다루는 것은 수용자들의 특성을 규명하는 것이다. 미디어 수용자가 메시지를 수용할 때 수동적인지 능동적인지는 수용자 연구 안에서 중요한 이슈가 되어왔다. 폭력성이 강한 텔레비전 프로그램이 어린이에게 미치는 영향이나 선거보도가 유권자의 투표행위에 미치는 효과와 같은 연구가 그 예다.

'Video Killed the Radio Star' 라는 팝송의 제목처럼 텔레비전의 등장은 기존의 지배적 매체였던 라디오에게 큰 영향을 미쳤다. 몇몇 학자들이 주장했던 것처럼 텔레비전의 등장으로 라디오가 세상에서 없어진 것은 아니지만, 라디오의 기능이나 여러 매체 사이에서 차지하는 위상은 변했다.

텔레비전은 1920년대 전파가 소리뿐 아니라 그림도 전달할 수 있다는 것을 알면서 개발되기 시작했다. 초창기의 텔레비전은 지금과 같은 컬러가 아니라 흑백이었다. 방송국에서는 녹화 기술이 발달하지 못했기 때문에 거의 모든 방송이 생방송으로 진행되었다.

지금까지도 텔레비전은 우리 사회의 지배적인 미디어로 그 영향력이 엄청나다. 가브너는 우리의 일상생활에서 많은 부분을 차지하고 있는 텔레비전을 현대의 가장 강력한 문화적 무기라고 했다. 언론정보학과에서는 정치, 경제, 사회, 문화 전반에 걸쳐 영향력을 행사하고 있는 텔레비전에 대해 깊이 공부한다.

텔레비전 프로그램의 제작과정

신문을 보면 하루 동안 어떤 프로그램이 방영되는지를 보여주는 편성표가 있다. 방송국에서 어떤 프로그램을 어떤 시간에 내보낼 것인지를 순서대로 배열해놓은 것이다. 방송국의 편성부서(또는 편성책임자)는 제작된 프로그램을 어떻게 내보내는지도 고민하지만, 어떤 종류의 프로그램을 기획할지도 결정한다.

편성에서 제작할 프로그램의 종류가 결정되면 방송 제작부서는 제작자를 선정해 프로그램의 제작을 지시한다. 제작자의 첫 업무는 프로그램을 기획하는 것이다.

① 기획회의

• 프로그램의 주제 설정

• 주제의 구성안 마련

• 구성내용 표현방법 설정

• 프로그램 자료수집

• 작가에 의한 대본 완성

대본 완성을 끝으로 기획단계가 마무리되면 제작자는 제작진, 출연진을 선정하게 된다.

② 제작회의

• 프로그램 제작 장소 : 스튜디오 사용, 야외촬영

• 제작진의 선정내용 : 인력의 선정

• 기자재의 선정 : 필요한 기자재의 물량 측정

• 특수효과의 필요성 검토

• 스튜디오 계획 : 평면도, 조명기획, 기술적 세부지시서, 예산책정,

　　　　　제작일정 등 결정

제작회의가 끝나면 수개월 동안 수십 명의 사람들이 힘을 합쳐서 프로그램을 제작하게 된다. 한 부서라도 맡은 바 책임을 다하지 못하면 그 프로그램은 텔레비전에서 방영될 수 없을 것이다.

가브너는 우리의 일상생활에서 많은 부분을 차지하고 있는 텔레비전을 현대의 가장 강력한 문화적 무기라고 했다.

우리나라 텔레비전의 역사

1956년 미국 텔레비전 산업이 우리나라에 진출하여 방송을 했다. 하지만 여건이 좋지 않아 3년 만에 문을 닫게 되었고, 그 뒤 1961년 KBS가 그리고 1969년 MBC가 개국했다. SBS는 1991년에 첫 방송을 시작했다.

흑백에서 컬러텔레비전으로의 전환이 새로운 영상시대의 개막을 알렸다면, 1995년 종합유선방송의 시작은 케이블TV, 지역민방, 위성방송 등 새로운 매체의 도입과 이들 간의 균형적 발전이라는 방송산업의 이슈를 몰고 왔다.

2001년 이후에는 디지털 지상파방송이 시작되고, 디지털 위성방송이 출범하는 등 방송 환경이 급격히 변화했다. 현재는 2012년까지 지상파TV의 디지털 전환이 화두가 되고 있다. 우리나라 텔레비전 시장은 다매체, 다채널, 뉴미디어의 경쟁시대라고 요약할 수 있다.

PD란 누구인가?

흔히 PD를 프로듀서라고 생각한다. 하지만 엄밀히 말해 PD는 Program Director의 약자다. 프로듀서(Producer)는 프로그램 기획자로 방송제작에 궁극적인 책임을 지는 사람이다. 예산과 조직적인 문제뿐만 아니라 기획 단계에서부터 대본집필, 제작, 편집, 홍보에 이르기까지 전 과정을 관할한다.

우리가 흔히 말하는 PD는 연출자인데 『태왕사신기』의 김종학 감독이나 『겨울연가』의 윤석호 감독을 떠올리면 될 것이다. 이 두 감독들이 현장에서 모니터를 통해 또는 직접적으로 카메라 샷을 체크하고 음향, 조명 등 모든 제작요소를 지휘하는 모습을 본 적이 있을 것이다.

이렇듯 연출자의 역할은 연기 감독에서부터 스태프들이 각기 제 역할을 충실히 하고 있는지를 챙기는 일까지 다양하다.

우리나라의 경우 방송국에 속한 PD가 프로듀서의 기획 기능과 디렉터의 감독 기능을 동시에 하고 있기 때문에 PD라는 정체불명의 단어가 사용되고 있다.

TV프로그램을 만드는 사람들

기획자(Producer) : 프로그램 기획과 대본, 제작, 편집 등 모든 제작과정을 책임진다.

연출자(Director) : 기획을 실제 프로그램을 통해 해석하고 형상화한다. 흔히 말하는 PD다.

조연출자(Assistant Director) : 연출자를 돕는 역할을 한다. PD들은 입사 하자마자 조연출 생활을 시작한다. 예산관리부터 무대감독, 예고 프로 그램 제작도 한다.

FD(Floor Director) : 연출보조로 직원이 아닌 프리랜서다.

작가 : 대본을 쓰는 사람으로 프로그램의 방향과 내용을 결정한다.

자료조사원 : 작가가 되는 입문 코스로 프로그램에 필요한 기초적인 자 료를 찾고 정리한다.

기술감독(Technical Director) : 음향, 조명, 카메라 등의 기술 스태프를 지휘 통제한다.

세트디자이너(Set Designer) : 프로그램의 무대와 무대장치를 고안한다.

특수효과 : 쇼 프로그램의 드라이아이스, 불꽃 기둥, 와이어 액션 등을
담당한다.

음악감독 : 프로그램의 감정적 효과를 극대화시키기 위해 프로그램 타
이틀, 엔딩, BGM을 제작하고 선택한다.

문자발생요원 : PD가 작성한 자막원고를 화면에 띄우고 자막의 색깔이
나 형태, 동선을 정한다.

시청률은 어떻게 조사할까?

방송사에서 시청률을 중요시 여기는 이유는 시청률이 얼마나 많은 사람들이 해당 프로그램을 보는지를 알려 주는 지표이기 때문이다. TV방송에 대한 프로그램의 반응 정도가 바로 시청률인 것이다. 또 다른 이유 는 광고에 있다. 시청률이 높은 소위 인기 있는 프 로그램을 보면 프로그램이 시작하기까지 무 수히 많은 광고를 한다. 광고주들은 시청률이 높은 프로그램에 광고를 하고 싶어 한다. 물론 프로그램에 광고가 많이 붙으면 방송사에게도 이 익이다. 그래서 지나친 시청률 경쟁으로 인해 프로그램의 질이 저하되는 문 제가 발생하기도 한다. 이 밖에도 시청률을 분석하다 보면 우리나라 사람들 의 시청형태를 알 수 있기 때문에 방송국에서 프로그램을 편성할 때도 유용 하게 쓰인다.

시청률 조사에는 세 가지 기본 개념이 있다. 텔레비전 이용세대(HUT), 시청 자 점유율(share), 시청률(rating)이다.

* HUT : 특정 시간에 수상기를 사용하고 있는 텔레비전 세대의 백분율이다.
* 점유율 : 시청 중인 세대 중 특정 시간에 특정 방송을 보고 있는 세대의 백 분율로 즉각적인 비교를 하는 데 아주 유용하다. TV를 보는 사람이 거의 없 는 심야시간대의 프로그램의 경우에는 시청률보다 점유율을 더 중요시 여긴다.

방송과 영상 속으로
레디고!

* 시청률 : 텔레비전 보유세대 중 특정 시간에 특정 방송을 시청하고 있는 텔레비전 세대의 백분율로 얼마나 많은 시청자들이 그들의 상업광고를 시청했는지 알고 싶어 하는 광고주들에게 아주 유용하다.

그렇다면, 내가 어떤 프로그램을 선택하는지도 시청률에 직접적인 영향을 끼칠까? 답은 '그럴 수도 있고 아닐 수도 있다' 이다. 우리나라 전체 시청자를 모두 조사할 수 없기 때문에 시청률 조사 대상자(패널)가 따로 있다.
패널로 선정된 가구의 TV에는 피플미터라는 기계가 부착된다. 이 기계가 각 가정의 시청패턴을 조사하며, 이것이 데이터베이스가 되어 전국의 시청률이 나오는 것이다. 패널로 선정되어 있지 않았다면 좋아하는 프로그램의 시청률을 위해 '본방사수' 하는 일은 사실상 의미가 없다.

천만 관객과의 커뮤니케이션, 영화의 매력

연극영화학과가 따로 있긴 하지만 언론정보학과에서도 영화를 공부한다. 1911년 이탈리아 평론가 리치오토 카누도는 영화를 제7의 예술이라고 했다. 오늘날 영화는 예술 그 이상의 의미를 가지고 있다고 해도 과언이 아니다. 영화 속에는 커뮤니케이션 현상이 담겨져 있으며, 영화 산업은 미디어 산업의 큰 축을 차지하고 있다. 스크린 쿼터제와 같은 이슈는 문화산업정책과도 연결된다.

지금까지 나온 영화의 수도 어마어마하고, 현재도 계속 새로운 영화가 나오고 있기 때문에 영화를 공부한다는 것은 쉬운 일이 아니다.

언론정보학과에서 영화에 대해 배우는 내용은 크게, 영화이론, 영화감상과 비평, 그리고 영화제작이다.

영화 감상과 비평의 경우, 영화를 보는 것에서 시작한다. 지금까지 나온 영화들이 너무나도 많기 때문에 영화수업은 대개 고전영화들을 중심으로 이뤄진다. 흑백필름이라 지루할 것 같지만 영화사에 큰 획을

방송과 영상 속으로
레디고!

그은 주옥같은 작품들을 보면 영화의 매력에 빠질 수밖에 없다.

영화의 문법을 읽자

영화를 제대로 보고 이해하기 위해서는 영화를 구성해주는 문법을 읽어낼 수 있어야 한다. 영화의 가장 작은 의미소는 프레임이라고 불리는 낱장의 사진이다. 영화를 24프레임의 마술이라고 부르는데, 이는 보통 35mm 영화카메라가 1초에 24장의 사진을 연속 촬영하여 이를 연결시켜서 보여주기 때문이다.

책의 매 쪽마다 가장자리에 조금씩 포즈가 다르게 사람을 그린 뒤 책장을 빨리 넘겨보면 착시현상에 의해 사람이 움직이는 것처럼 보인다. 이것이 바로 영화의 원리인 것이다. 프레임이 하나의 움직임을 만들게 되면 우리는 이것을 샷(shot)이라 부른다. 샷을 연결하여 작은 이야기로 만들면 신(scene)또는 시퀀스(sequence)가 된다. 그리고 시퀀스가 연결되면 하나의 영화 줄거리가 되는 것이다. 줄거리를 가진 영화를 네러티브 영화라고 한다.

프레임 〈 샷 〈 시퀀스(신) 〈 영화 줄거리

미장센(mise-en-scene)이란 한 프레임을 구성하는 여러 시각적 요소들을 화면 속에 잘 배치하여 이미지를 만드는 것을 말한다. 한 화면 속에는 배경, 조명, 인물의 분장, 의상, 움직임 등 수없이 많은 시각 요소들이 있다. 영화 『시민 케인』의 감독 오슨 웰즈의 경우 이러한 시각적 요소들을 조화롭게 잘 배열해서 멋진 미장센을 탄생시킨 것으로 유명하다.

몽타주란 샷과 샷을 연결하는 기법을 말한다. 몽타주를 설명하기 위해 a+b=c라는 공식을 예로 들기도 한다. 서로 다른 두 개의 샷이 연결되어 새로운 의미와 사상을 창조하는 것이 바로 몽타주다. 가장 대표적인 예는 에이젠슈테인의 1925년 작품인 『전함 포템킨』의 오데사계단 시퀀스다. 히치콕, 장 뤽 고다르도 몽타주 기법을 통해 영화의 표현 영역을 확장시켰다는 평가를 받고 있다.

언론학과 수업 II, 영상물을 제작하라!

첫 번째 실습 : 영화제작

언론정보학과에 영화제작 과목이 따로 있는 경우는 드물다. 하지만 영화의 이해 수업을 통해 영화이론도 배우고 짧은 단편 영화나 스크립트를 만드는 과제를 하게 된다. 언론정보학과 학생들이 실제 수행한 과제물을 통해 어떠한 방식으로 수업이 이뤄지는지 살펴보자.

1. 영화 제목 : 해후

2. 기획의도 : 이별 후 만남을 아픔의 기억으로만 여기지 말고, 이를 새로운 삶을 살아갈 수 있는 희망으로 승화시켜 보자는 이야기를 하고 싶었다. 〈작가세계〉(1990, 여름호)에 실린 「그녀와 프로이트 요법」 외 7편으로 등단한 김상미의 시 「해후」에서 모티브를 얻었다. 시의 주제와 서정적 느낌을 영상을 통해 최대한 살리려고 노력했다.

3. 등장인물 : 남자1 , 여자1

4. 줄거리 : 1년 전 헤어졌던 남자와 여자가 우연히 길을 가던 도중 만나게 된다. 그들은 서로를 알아보나 그저 가던 길을 갈 뿐이다. 예전의 다정했던 추억을 상기시키고, 또 다른 1년을 살 수 있는 용기를 준 상대방에게 고마워하면서 말이다.

5. 음악 : 영화 『클로저』의 OST 中 Damien Rice의 《The Blower's Daughter》

6. 스크립트

두 번째 실습 : 사진제작

사진을 매개로 하여 세상을 바라보는 법을 배운다. 이론수업도 하면서 매 시간마다 과제물을 제출하고 그것을 바탕으로 비평을 한다. 렌즈 초점거리, 셔터의 속도에 대해 공부하고 암실 워크숍 등 체험학습을 하는 과목이다. 언론사진, 순수사진, 다큐멘터리사진의 차이점을 배우고 학기 말에 포트폴리오를 만드는 것이 주요 과제다.

세 번째 실습 : 영상기획

영상기획 실습은 아이디어를 만들어내는 것이 얼마나 힘들고 고된 작업인지를 느끼게 해준다. 여러 TV프로그램들을 리뷰하는 것에서 시작해 프로그램 개선안을 쓰고, 한 단계 더 나아가 기획안을 작성해보는 것이 이 과목의 목표다.

수업시간에 프로그램 이름과 진행자 맞추기, 편성표 빈칸 채우기와 같은 퀴즈를 보기도 한다. 또한 주어진 시간에 기획안 쓰는 능력을 평

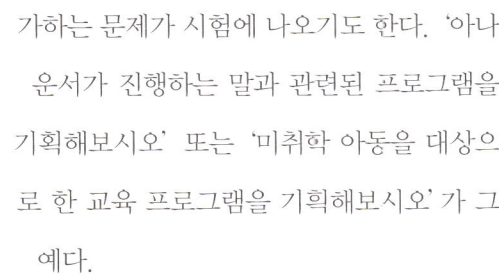

가하는 문제가 시험에 나오기도 한다. '아나운서가 진행하는 말과 관련된 프로그램을 기획해보시오' 또는 '미취학 아동을 대상으로 한 교육 프로그램을 기획해보시오'가 그 예다.

그렇다면 기획안이란 과연 무엇이며 어떻게 써야 하는 것일까? 한 방송국 PD는 "기획안이란

'타인을 설득하는 작업' 이다. 풀어 말하면 '내가 이런 내용의 프로그램을 하고 싶고, 그건 이러이러해서 정말 재밌습니다' 라는 내용을 타인에게 알려 자본과 인력을 동원하도록 만드는 것이다. 그러기 위해선 기획안의 내용이 간략하고 명쾌하면서 구체적이어야 한다. 웃음이든 감동이든 자신이 추구하는 목표가 확실해야 하고, 그 목표를 달성하기 위한 구체적인 내용을 명시하여 타인을 설득하는 것이 기획안의 의미이다."라고 말했다.

기획안은 보통 다음과 같은 틀에 맞추어 쓴다.

- 프로그램 제목
- 기획의도
- 제작방법
- 구성과 내용
- 기타(시청 대상층과 방송 시간대)

기획안을 만든 후에는 수업시간에 한 명씩 나와서 프레젠테이션을 한다. 교수님과 친구들의 질문과 비판을 받고 좀 더 나은 프로그램이 되도록 수정하는 단계를 거친다.

〈기획안 쓰기 과제〉

프로그램 제목	스포츠 업	
기획의도	프로스포츠가 출범하고, 주 5일 근무로 인해 스포츠는 사람들의 여가 수단이 되었다. 하지만 스포츠를 다루는 방송은 아직 아마추어 단계다. '스포츠 업'은 딱딱한 뉴스 중심의 스포츠 프로가 아닌 뉴스와 언터테인먼트가 혼합된 뉴스테인먼트를 꿈꾼다.	
편성시간	매주 금요일 늦은 밤 11시~12시	
진행	김성주, 옥주현	
코너소개	볼(ball)수(數) 있나?	1주일에 한 번 방영하는 프로의 이점을 최대한 살려 주말 스포츠 매거진이라는 콘셉트로 제작한다. 한 주 동안의 스포츠 소식을 숫자로 정리해 뉴스 형식으로 보여주는 것이다. ex) 숫자로 알아보는 주간 스포츠 11월 마지막 주의 숫자는 '2' – 안정환의 '2'군 추락 – 박지성 팀 내 평균 평점 '2'위 – 배드민턴 선수 라경민 김동문 결혼 '복식(2)'조 되다
	라커룸 데이트	스포츠 스타는 연예인들만큼이나 인기가 많다. 하지만 연예인에 비해 그들의 삶은 노출이 덜 되어있다. 시청자들 중에서 사연이 있는 이들을 뽑아 스포츠 스타와 만나게 해준다. 스타의 일상 속을 엿보는 재미와 코트 안과 밖에서 스타의 고뇌까지 담는다. 스포츠 스타와 선발된 시청자의 대화를 통해 그동안 스타에게 궁금했던 점들을 해소하는 기회도 갖는다. 휴먼 다큐멘터리와 인터뷰가 혼합된 느낌을 살리도록 한다.
	이색대결 중계석	실제로는 불가능한 게임을 벌여본다. 씨름과 스모의 대결, 복싱과 유도의 대결 등 서로 종목이 다른 두 스포츠를 맞붙인다. 시청자 게시판을 통해 아이디어 제보를 받아 소재를 다양하게 하며 참여 가능한 코너로 만든다.

코너소개	타임머신 뉴스	20년 전 이맘때에는 스포츠 역사상 어떤 일들이 있었을까? 지나간 영상들을 통해 추억을 되새기고 다시 한 번 감동을 맛보는 코너다. 현재와 비교하며 보는 재미와 동시에 지금은 잊혀진 선수와 운동경기에 대한 향수를 불러일으킬 수 있다. 앵커가 뉴스를 진행하는 방식으로 과거의 사건을 말해주는 구성이다. 그때 그 시절의 유명한 스포츠 뉴스의 주인공을 직접 만나 취재해 스포츠 세계의 격세지감도 느껴본다.

VJ 실습

카메라를 어깨에 메고 이리 뛰고 저리 뛰는 모습을 꿈꿨다면 VJ 실습을 들어라. 단, 상상하는 것과 현실은 다를 수 있다는 것을 명심할 것. 상상만으로는 내가 정말 PD가 된 양 현장을 누비는 멋진 모습이겠지만, 실제로는 그렇지가 않다.

무거운 장비를 메고 다니느라 온몸을 파스로 도배하고, 밤에는 편집을 한답시고 편집실에서 밤을 새우는 일명 편집실 귀신이 될지도 모르니 말이다. VJ 실습의 경우 2~3명이 한 팀이 되어, 학기 말에 각 팀이 만든 다큐멘터리로 상영회를 연다. 교수님은 물론, 같이 수업을 들었던 친구와 현직 PD들에게서 코멘트도 들을 수 있다.

경제적 관점으로 봐라!
미디어 산업

최근의 미디어 산업 동향과 전망, 편성과 유통전략 등에 관해 학습한다. 영상시대를 이끌어가는 자질을 갖추기 위한 기본을 익히는 수업이다.

과목 알아보기

기초과목
- 영상매체 산업연구
- 방송경영 편성론
- 미디어 산업론

심화과목
- 미디어 법제와 정책
- 정보사회와 뉴미디어
- 문화산업과 저작권

미디어 경제학의 역사는 길지 않다. 80년대 이후부터 관심을 받기 시작했으며 미디어 시장이 무엇이고, 미디어 시장의 행위자들은 누구인지, 미디어 시장구조의 형태와 그것을 이루는 기업의 수, 미디어 산업

과 관련한 정부정책은 어떠한지 등에 대한
질문들이 주를 이룬다.

미디어 비즈니스에서 본격적으로 다루는
주제들은 산업조직, 시장수요, 소비자지출,
미디어정책 등 산업측면과 전략, 조직과 문

화, 비용구조, 투자 생산성과 다양성에 관한 기업측면, 그리고 글로벌
화 무역수지, 소비자와 사회후생 등 기업이나 산업의 성과에 관한 것
들이다.

영화산업과 TV 산업은 적대적 관계인가, 보완적 관계인가?
『태왕사신기』의 제작비가 400억 이상이라는 보도가 있는데 이러한 제
작이 가능한가?
『주몽』이 벌어들이는 광고료는 1억 원 정도인데, 제작비는 편당 2억
이 넘는다. 이러한 제작행위가 합리적인가?
왜 밤 10시 시간대에는 모두 드라마만 방송하는가?

미디어 산업 수업을 수강하면 이러한 질문들에 미디어 경제학(경영학)
적으로 답변할 수 있다.

영상 미디어 콘텐츠 산업의 비즈니스 원리
미디어 콘텐츠 비즈니스 원리는 경제학과 경영학의 기본 원리를 미디

어 기업, 미디어 콘텐츠 산업에 응용하는 학문 분야다. 즉, 사람들이 필요로 하는 미디어 콘텐츠에 대한 욕구와 수요를 충족시키기 위해 미디어 산업에 종사하는 사람들이 자신들이 보유한 한정된 자원을 어떻게 분배하여 사용하는지에 초점을 맞춘다.

경제라는 것은 서로 경합적이고 무한적이라고 할 수 있는 욕구와 필요를 충족시켜 주기 위해 한정된 자원을 어떻게 효율적으로 배분하는지에 관한 연구다. 즉, 자원의 배분에 관한 문제를 미디어 측면에서 해석하는 것이다. 경제의 3대 문제가 곧 영상 미디어 콘텐츠 비즈니스의 3대 문제가 된다.

① 무슨 제품과 서비스를 생산할 것인가?
② 해당 제품과 서비스를 어떻게 생산할 것인가?
③ 누가 제품과 서비스를 소비할 것인가?

경제학적 시각이 대두한 이유

이전까지는 프로그램을 사상, 가치, 정서를 담은 문화적 상품으로 인식했다. 사고파는 경제재보다 사회, 문화적, 정치적 기능을 수행하는 문화재로 인식했던 것이다. 그러다 1990년대 중반 이후부터 프로그램을 경제재로 인식하기 시작했다.

프로그램을 보는 시각이 문화재에서 경제재로 변한 이유는 다양하다. 그중 첫 번째로 커뮤니케이션 기술의 발달을 들 수 있다. 예전에는 지상파 방송이 전부였는데, 요즘에는 케이블TV, 위성TV 등 다양한 프로그램을 접할 수 있다. 이렇게 소수채널에서 다채널 시대로 변화하면서 전파의 희소성이 약해지고, 공익성 개념도 약화되기 시작했다.

두 번째 이유는 다채널 시대의 개막이다. 다양한 종류의 방송서비스가 등장했고, 특히 유료서비스가 등장함에 따라 방송 산업이 경제적 이윤을 추구하는 경제 산업으로 인식되기 시작했다. 또한 다채널 시대의 개막은 규제의 끈을 느슨하게 만들었다. 전 세계적으로 공영방송이 퇴조되고, 민영방송이 상승하는 현상을 목격할 수 있다.

세 번째 이유는 커뮤니케이션 발달을 들 수 있다. 커뮤니케이션 발달로 인해 전 세계를 권역으로 하는 글로벌 미디어가 탄생했고, 영상 시장은 국내 시장에서 세계 시장으로 그 범위를 넓혔다. 경제적 가치 또한 증대됐다. 머독과 같은 미디어 재벌이 생겨난 것처럼 영상 산업과 미디어 산업이 대자본화되고 산업화, 상업화된 것이다.

세계 변화 역시 하나의 이유다. 1990년 베를린 장벽이 붕괴된 이후부터 세계는 탈냉전, 탈이데올로기 시대로 넘어간다. 정치적 노선보다는 경제적 이윤추구가 국가의 최우선 목표가 되었고, 세계 각국은 방송영상 산업 분야의 발전에 큰 힘을 쏟아 경제적 부를 축적하기 위해 힘쓰고 있다.

방송과 영상 속으로
레디고!

미디어 경제학 관련 개념

① SCP모델

SCP모델은 산업조직모형 중 하나로 미디어 시장구조와 행위 그리고 성과를 연구하는 틀이다. 시장구조(Structure)는 시장행위(Conduct)에 영향을 미치고, 다시 시장행위는 시장성과(Performance)에 영향을 미친다는 것이다. 이것을 표로 정리하면 다음과 같다.

② 미디어 시장의 획정

경제에 있어서 시장의 개념은 매우 중요하다. 시장이란 사고파는 거래에 참여하는 사람들이 상호작용을 하는 곳으로 생산된 상품의 가격과 품질이 결정되는 곳

시장구조
시장 집중도 수직·수평적 통합 제품차별화 진입장벽과 탈퇴장벽 비용구조

시장행위
가격정책 광고 제품 전략 연구와 기술 혁신 경쟁기업에 대한·전략적 대응

시장성과
내용이_ㅏ 채널공급의 다양성 객관성 자유 자원배분으 효율성

이다. 미디어 시장은 다른 상품 시장과는 달리 그 구즈가 복잡하다. 크게 미디어 제작물·서비스 시장과 미디어 지리적 시장으로 나뉘는데 미디어 제작물·서비스 시장 자체가 제품적 시장이다.

예를 들어 한 방송국이 1개의 프로그램을 만들어내지만, 완성된 프로그램은 2개의 별개 시장에 참여한다. 첫째는 미디어 제작물 자체를 판매하는 시장이고 다른 하나는 수용자 접근 즉, 광고 시간을 판매하는

시장이다. 지리적 시장의 경우, 개별 매체들이 전국TV, 지역TV, 글로벌TV 등 특정한 지리적 시장에서 운행되는 것을 의미한다.

예를 들어 ESPN은 전 세계를 대상으로 하지만 경인방송의 경우 그 범위가 국내에서도 제한되어 있다.

미디어 산업에서 시장획정의 문제가 중요한 이유는 사업자 간의 공정 경쟁을 위한 규제와 원칙을 만들어내는 데 중요한 요인으로 작용하기 때문이다. 단순한 영역이나 관할을 표시하는 일을 넘어서는 것이다.

③ 창구화이론

극장에서 개봉한 영화를 돈 주고 보기에 아까워서 명절날 TV에서 해 줄 때까지 기다린 경험이 있을 것이다. 창구화란 하나의 프로그램을 서로 다른 시기에 다른 배급 채널을 통해 배포하는 배급방식을 말한다. 창구의 순서는 기술의 발달 등 여러 기준에 따라 변할 수 있지만 대개 영화가 만들어지면 극장에서 상영을 하고, 위성이나 케이블의 유료채널에서 무료채널로 그리고 일반 지상파 방송 순으로 방영이 이루어진다. 요즘에는 휴대전화를 통해 영화를 볼 수도 있고 DVD 시장도 새롭게 생겨났기 때문에 창구화가 더욱 복잡해졌다. 즉, 창구화 전략은 특정 매체별로 수용자들의 지불의사가 높은 매체 순으로 시간적 간격을 두면서 공급하는 프로그램 순환방식을 의미한다.

창구화이론 중 홀드백이라는 개념이 있다. 1차 창구에서의 방영 후 어느 정도 배타적인 시간을 확보한 다음 후속 창구에 영상물을 배포하

는 것이다. 극장에서 막을 내린 영화라고 해서 바로 다음 날 다른 창구를 통해 나오는 것이 아니라 일정한 시간이 흐른 뒤에 나오는 것이 바로 홀드백이다.

한눈에 보는 언론정보학의 역사 Ⅲ

정보화 시대의 도래

전달자와 수용자 사이에 전달되는 실체는 메시지, 콘텐츠 또는 정보라고 했다. 넓은 의미에서 이 세 용어는 서로 같은 뜻으로 볼 수 있다. 인류는 기술진보에 의해 자신의 목소리나 손짓, 발짓이 도달할 수 있는 커뮤니케이션의 물리적 제한영역을 크게 확장하였다.

산업혁명의 결과인 기계적 힘 그리고 전자, 전기적 기술의 발전에 따라 정보전달 범위와 영역, 속도 등이 크게 증가한 것이다. 그리고 20세기 후반 다시 한 번 새로운 기술혁명이 시작되는데, 이것이 바로 디지털 컴퓨터 기술에 의한 정보혁명이다.

정보혁명은 컴퓨터의 발전과 함께 시작되었다. 제2차 세계대전 중 복잡한 유도미사일 궤도나 포탄의 탄도를 추적하는 계산식을 풀기 위해 미국은 고속으로 연산을 할 수 있는 전기전자식 컴퓨터를 개발했다. 최초의 대형 전자식 컴퓨터인 에니악(ENIAC)은 1만 8,800개의 진공관을 사용하였고, 1,500개의 전자식 접점을 가지고 있었으며 무게가 30톤이나 나가 커다란 방에 꽉 들어찰 정도였다.

이 컴퓨터를 한번 켜는 데 150KW의 전력이 소모됐다. 이러한 진공관 1세대 컴퓨터에서 시작해 지금은 고집적회로(VLSI)를 사용한 4세대 컴퓨터로 발전했

고, 초기 대형컴퓨터의 능력보다 몇 백배 더 강력한 파워를 노트북 컴퓨터가 갖고 있을 만큼 엄청난 속도로 컴퓨터 능력이 증가했다.

컴퓨터 연산처리 속도의 증가는 얼마나 많은 트랜지스터를 한정된 공간 안에 집적해 넣느냐에 달려있다. 우리가 사용하는 PC의 주 연산장치의 최대 생산업체 인텔(Intel)의 창업자 중 한 사람인 무어는 칩의 집적도가 18개월마다 2배씩 증가하는 반면, 가격은 반으로 떨어진다는 유명한 '무어의 법칙'을 만들었다. 이런 식으로 발전하면 10년 안(1.5년×6=9년)에 2의 6승인 64배만큼 컴퓨터의 처리능력이 증가한다.

하지만 우리나라 메모리 반도체 분야에서 무어의 법칙을 깨버리는 새로운 법칙이 등장했다. 메모리칩의 집적도가 1년마다 2배씩 용량이 늘고 가격은 반이 된다는 것이다. 이 법칙을 주장한 삼성전자 황창규 사장의 이름을 따라 '황의 법칙'이라 한다. 이것만 보더라도 우리나라가 세계의 정보혁명을 이끌어가는 선도국가인 것이 확실하다.

컴퓨터에 의한 정보처리능력이 급격히 확대되면서 인류는 새로운 커뮤니케이션 시대를 열었는데 이것이 바로 정보혁명에 의한 정보화 시대이다. 인류가 최초로 자신의 머릿속 생각을 언어나 상징으로 표현하거나 정보화하면서 쌓은 정보가 2배가 된 것이 로마 시대인 기원후 1세기였다고 한다. 이것이 다시 2배가 된 시점이 19세기 후반인데 1990년대에 와서는 컴퓨터의 발달로 인해 매 18개월마다 2배씩 증가하고 있다. 최근 IBM에서 내보낸 광고에 의하면 현재 전 세계적으로는 매 초당 1,500만 테라바이트(terabyte)의 정보가 유통되고 있다고 했다. 1테라바이트의 정보는 5만 그루의 나무를 사용해 펄프로 만든 종이에 인쇄할 수 있는 엄청난 양이다. 10테라바이트 용량이면 2,000만 권이 넘는 장서를 자랑하는 세계 최대 도서관인 미국 의회도서관의 모든 책을 수록할 수 있다.

　최근 사회적으로 유통되고 있는 정보가 기하급수적으로 늘어나는 현상은 인터넷이라는 네트워크 기술이 컴퓨터 기술과 합쳐진 결과이다. 컴퓨터 자체의 정보저장능력과 처리능력이 아무리 크더라도 이것이 독립적으로 작동하면 단순히 정보의 더하기 법칙밖에 성립되지 않는다.

예를 들어, 1기가바이트 용량의 컴퓨터 10대가 독립적으로 운용된다면, 총체적으로는 10기가바이트의 정보가 있을 뿐이다. 하지만 이것이 네트워크로 연결되면 기하급수적으로 유통 정보량이 늘어난다. 이것이 메트카프의 법칙인데 네트워크로 연결된 시스템에서는 그 효용성이 사용자의 자승함수로 늘어난다는 것이다. 따라서 인터넷으로 연결된 정보의 양은 접속자가 늘어나면 늘어날수록 자승함수로 증가하고, 여기에 덧붙여 인터넷에 연결된 컴퓨터의 정보처리능력도 급속히 확장되어 (무어의 법칙, 황의 법칙) 정보폭발이 가속화될 수밖에 없다.

인터넷이 가져온 정보폭발은 인간의 본질적인 커뮤니케이션 행태에 많은 변화를 가져왔다. 기존에는 인쇄 기술이나 20세기에 나타난 대중매체 등에 의해 사회적 정보가 일반대중에게 비교적 공평하게 분배 유통

되었다. 하지만 인터넷 등과 같은 새로운 정보전달매체가 생기고, 이에 접속할 수 있거나 이를 자유자재로 사용할 수 있는 능력이 있는지의 여부에 따라 정보부자와 정보가난뱅이로 갈라지면서 그 격차가 더욱 커지게 되었다.

다시 말해 근세 이전에 소수 귀족 지식계급에 의해 정보의 유통 분배가 독점되면서 벌어졌던 정보격차가 디지털 컴퓨터 기술에 의해 또다시 나타나게 된 것이다. 이러한 격차의 크기는 정보폭발과 더불어 더욱 확대될 수밖에 없다. 이러한 현상을 디지털 격차라고 하는데, 이에 수반되는 여러 사회적 문제 그리고 커뮤니케이션 관점에서의 문제와 해결방법 등이 언론정보학과의 새로운 연구과제가 되었다.

최초의 메시지들

말이나 글에 의한 인류 최초의 메시지는 무엇인지에 대해서는 알 길이 없지만, 모스 통신에서부터 시작되는 전기, 전자통신시스템의 발명과 동시에 주고받았던 첫 메시지는 기록으로 남아있다.

1844년 5월 24일 모스는 워싱턴과 볼티모어 사이에 가설한 유선전신선로를 통해 'What has God worked(하느님께서 이룩하신 이것을 보라)' 라는 뜻의 고어체인 'What hath God wrought' 의 송수신에 성공했다.

이 유선전신시스템을 전화시스템으로 바꾼 벨의 첫 번째 성공적인 통화는 1876년 3월 10일 옆방에 있는 조수 왓슨을 부른 'Mr. Watson, come here. I want to see you.' 이었다. 그리고 무선통신을 통해 장거

인터넷의 생일

인터넷은 독립적으로 운용되던 컴퓨터들을 서로 연결해 정보를 공유하려는 목적으로 개발되었다. 최초의 인터넷시스템에 의한 컴퓨터 연결은 미국의 스탠퍼드 대학과 UCLA 대학의 컴퓨터를 서로 연결한 것이다.

아래의 컴퓨터 일지에 나타나 있는 것처럼 1969년 10월 29일 밤 10시 30분, 컴퓨터를 연결하기 위해 LOGIN 명령문을 입력하다 G를 치는 순간 연결이 끊어져버렸다. 다시 시도해 연결에 성공하여 바로 이날이 인터넷 커뮤니케이션이 최초로 이루어진 날로 간주된다. 인터넷의 생일이라고 볼 수 있다. 이때 인터넷에 의해 전달된 최초의 메시지는 'LO' 이다.

1969년 10월 29일 수행된
최초의 인터넷 연결 기록 컴퓨터 일지

히스토리

리 송신된 최초의 문자는 1901년 12월 12일 영국에서 2,700km 떨어진 캐나다 동부해안으로 전송된 잡음 속에서 겨우 식별할 수 있었던 모스 신호 S ··· 알파벳이었다.

알려야 산다!
광고와 홍보의 세계

경영학적인 느낌이 강한 과목이긴 하지만 언론정보학과에서는 광고와 홍보를 커뮤니케이션이라는 기준으로 바라보고 배운다. 요즘 들어 광고와 홍보 쪽에 특화된 학과들이 많이 생겨난 것만 봐도 이 분야의 인기를 짐작해볼 수 있다.

과목 알아보기

기초과목

- 홍보전략론
- 광고와 마케팅
- 사이버PR

심화과목

- 홍보작문과 제작
- 홍보매체론
- 광고홍보 전략개발 방법론
- 광고크리에이티브개론
- 광고매체 계획론
- 홍보기획론
- 광고카피라이팅
- 사원관계 커뮤니케이션
- 다문화 커뮤니케이션
- 광고기획관리론
- 마케팅 홍보

- 방송광고제작
- 홍보캠페인실습
- 인터렉티브 광고론
- 행정홍보론
- 광고캠페인실습
- 광고홍보현장실습
- 통합마케팅커뮤니케이션
- 광고세미나
- 홍보세미나
- 광고와 사회
- 위기관리

광고는 이제 우리 삶의 일부가 되어버렸다. 신문과 방송은 물론이거니와 지하철을 타도 광고를 볼 수 있고, 인터넷 포털사이트의 배너광고, 이메일이나 휴대전화를 통해서도 우리는 광고를 접하게 되었다. 실로 광고의 홍수시대에 살고 있는 것이다.

광고를 보는 시각이나 관점에 따라 경영학적 관점과 커뮤니케이션 관점으로 나누어볼 수 있다. 경영학과에서도 광고에 관한 수업이 있고, 언론정보학과에서도 광고 수업이 있는데, 똑같은 광고를 가르치지만 바라보는 시각이 다르다.

경영학에서는 광고를 제품이나 서비스를 판매하기 위한 기업마케팅의 하위요소라고 본다. 미국 마케팅협회는 광고를 '자신을 명시적으로 밝힌 광고주가 어떤 아이디어나 제품, 서비스를 판매하려는 목적으로 소비자를 설득하거나 영향을 끼치기 위해 대중매체에 비용을 지불하여 행해지는 비대인적인 커뮤니케이션' 이라고 정의한다. 즉, 광고를 마케팅의 네 가지 구성요소인 4P 즉, Product(제품), Price(가격), Place(유통), Promotion(판촉) 중 판촉의 하나의 방법으로 보는 것이다. 반면 커뮤니케이션학에서는 광고를 광고주와 소비자 간의 일련의 커뮤니케이션 현상이라고 파악한다. 마케팅 분야에서 사용되는 설득 커뮤니케이션의 하나라고 보며 '매스 커뮤니케이션매체'라는 수단에 의해 통제되고 명시된 정보의 제공과 설득' 이라고 정의한다.

광고의 다양한 기능들

광고의 가장 핵심적인 기능은 마케팅 기능이다. 소비자들에게 광고주의 제품이나 서비스를 인식시키고 다른 상품과 차별화시켜서 구매를 유도한다. 커뮤니케이션 기능으로 광고가 소비자들을 설득시키기도 하지만 상품이나 서비스 이용에 필요한 여러 가지 정보를 제공하는 기능도 한다는 것이다. 더 나아가 광고는 제품과 소비생활에 관해 소비자를 교육하는 기능을 한다.

우리는 광고를 통해서 제품에 대한 지식과 사용방법, 그리고 좋은 상품을 싸고 쉽게 사는 방법을 배운다. 광고는 경제적 기능을 수행하며, 그밖에도 경제적, 문화적, 사회적 기능을 한다.

광고 산업

광고 산업은 광고주, 광고대행사, 매체의 관계라고 요약할 수 있다.

① 광고주

스폰서, 클라이언트, 어카운트라고 불리는 광고주는 광고비를 부담하여 자기 회사의 제품이나 서비스 등을 광고하는 주체다. 광고주는 광고활동에서 주도적으로 역할을 하기보다는 자신의 의도대로 광고를 만들어줄 대행사를 찾고, 그들에게 업무를 위탁한다.

② 광고대행사

광고대행사는 광고주에게 업무를 위탁받은 후 소비자가 제품이나 서비스를 구매하도록 설득할 수 있는 계획과 전략을 개발하는 업무를 한다. 쉽게 말해, 우리가 TV에서 보는 CM이나 CF를 만드는 일을 한다. 더 나아가 신문, 방송, 인터넷 포털과 같이 많은 대체 중에서 광고 효과를 극대화할 수 있는 광고매체와 광고시간, 지면을 선정하는 일도 한다.

③ 매체

광고대행사는 자신들이 만든 메시지를 효과적으로 전달할 매체를 찾는다. 신문, 잡지와 같은 인쇄매체부터 TV와 같은 전파매체, 새롭게 등장하고 있는 IPTV와 같은 뉴미디어까지 모든 매치가 광고 전달의 수단이 된다. 이 중 매체를 선택하는 기준은 광고 메시지가 수용자에게 얼마나 잘 전달될 수 있을지가 된다. 각각의 광고개체들은 나름대로 독특한 특성을 지니고 있기 때문이다.

광고전략의 수립과 집행과정

1단계 : 광고계획의 투입요인 고려

광고 계획의 밑그림 그리기
시장 세분화, 표적시장 선정, 제품 포지셔닝의 3단계로 구성

2단계 : 광고기회분석

광고가 어떻게, 얼마나 효과적으로 기업의 목표와 마케팅의 목표를
달성하는 데 기여할 수 있을 것인지를 판단하고 분석하는 과정

3단계 : 광고 목표 설정

기업이 광고를 통해 성취하고자 하는 것

4단계 : 시장의 결정

누구에게 광고를 전달할 것인지 등의 표적시장 선정

5단계 : 예산의 설정

얼마나 많은 돈을 쓸 것인지 설정한다. 예산을 너무 낮게 책정하면
기대만큼 매출과 이익을 달성할 수 없으며 너무 과다한 광고비
지출은 이익을 감소킨다.

알려야 산다!
광고와 홍보의 세계

6단계 : 메시지의 구성

크리에이티브 전략 광고 메시지를 통해 무엇을 말할 것인가?
크리에이티브 전술 메시지를 어떻게 구성함으로써 메시지 전략을
구체적으로 구현할 것인가?
이러한 전략과 전술을 통해 만들어진 메시지는 제품에 대한
정보뿐만 아니라 재미, 감동, 흥분, 그리고 판타지를 제공한다.

7단계 : 매체의 결정

각각 매체의 장단점을 따져서 최소의 광고 비용으로 최대의 잠재 고
객들에게 메시지가 전달되는 것을 목표로 한다.

8단계 : 기타 마케팅 수단들과의 통합화

광고 이외의 다른 마케팅 수단들인 PR, 직접방문, 길거리 마케팅 등
다양한 수단들의 전략적인 역할들을 비교, 검토하고 이들을 통합하
는 총괄적인 계획을 수립하게 된다.

9단계 : 광고 집행과 평가

광고를 실제로 내보낸 후, 제품에 대한 인지도, 호감도, 매출증가 등
의 차원에서 시장의 반응을 평가하는 것

현대사회의 생존전략, 홍보

PR커뮤니케이션은 조직과 공중 간의 우호적인 관계를 창출하고 유지하는 커뮤니케이션 관리 기능으로 조직, 공중, 커뮤니케이션이라는 세 가지 요소를 갖춘 활동이다.

일반 사람들은 PR에 대해 오해한다. PR커뮤니케이션을 단순히 언론사를 상대로 한 조직 이미지 관리 활동으로 보는 것이다. 피(P)할 것은

PR커뮤니케이션 영역 분류

조직측면	공중측면	기능측면
기업과 영리단체PR	내부조직원관계	쟁점관리
비영리단체PR	지역사회관계	마아케팅PR
정부PR	투자자관계	스포츠건강PR
시민단체PR	언론관계	정치컨설팅
국제단체PR	소비자관계	기금조성PR
병원PR	정부관계	카운슬링
군대PR	시민단체관계	엔터테인먼트PR
	국제공중관계	

피하고, 알(R)릴 것은 알린다는 통념이 이에 해당한다.

PR커뮤니케이션 활동은 복잡한 현대사회에서 다양한 조직들이 자신들의 목적을 성공적으로 달성하기 위해 수행하는 다양한 사회적 소통 활동으로 보는 게 옳다. 좀 더 구체적으로 기업, 정부, 단체, 조합, 정당 등이 소비자, 노동자, 언론사, 경쟁자, 정부, 원료공급자, 주주, 채권자, 채무자, 지역사회 구성원, 여론지도자, 일반 국민 등 공중과의 관계를 자신에게 유리하게 이끌어 가기 위해 수행하는 일체의 커뮤니케이션 활동을 의미한다.

PR의 역사

현대적 의미의 PR 활동은 흔히 19세기 말 바넘이라는 사람한테서부터 시작된 것으로 평가된다.

바넘은 서커스 회사를 책임지고 있었는데, 자신이나 서커스 회사에 대한 나쁜 기사가 나가는 것이 아무것도 게재되지 않는 것보다 유리하다고 생각했다. 요즘 '무플이 악플보다 더 무섭다'는 것과 같은 이치일 것이다. 심지어 그는 없는 사실을 조작하기도 했다. 서커스를 PR하기 위해 '워싱턴 대통령의 160살 된 유모가 아직도 살아있다'는 사실을 유포했으며, 자신이 데리고 다니는 쌍둥이 자매에게 태국에서 온 쌍둥이라는 별명을 붙이기도 했다.

네 가지 PR모델

특성	모형			
	언론대행	공공정보	쌍방불균형	쌍방균형
목적	선전	정보의 확산	과학적 설득	상호 이해
커뮤니케이션의 본질	일방 완벽한 진실이 필수는 아님	일방 진실은 중요함	쌍방 균형 잃은 효과	쌍방 균형 잡힌 효과
연구	거의 없음 사람의 머릿수를 셈	읽기의 난이도, 독자 수의 추정	태도변화	상호 이해의 수준
주요 역사적 인물	바넘	리	버네이즈	버네이즈 커틀립 그루닉
오늘날 많이 실시되고 있는 곳	스포츠, 극장, 제품프로모션	정부기관	기업	공공단체, 기업, 정부기관

PR커뮤니케이션의 과정

PR커뮤니케이션이 이루어지는 일련의 과정은 흔히 RACE모델로 제시된다.

조사(Research) ➡ 계획(Action) ➡ 집행(Communication) ➡ 평가(Evaluation)

RACE모델을 좀 더 자세히 살펴보면 조직의 입장에서 다양한 사람들과의 관계를 형성하기 위해 상황을 조사해서 문제점을 분석하고(조사), 분석한 문제점을 풀기 위한 목적과 목표 공중을 선정하고(계획),

실제 프로그램을 실행하며(집행), 마지막으로 실행된 프로그램이 목적을 달성했느냐에 의해서 성공 여부를 결정한다(평가). 여기서 목적이라 함은 단기적인 문제해결뿐 아니라, 중장기적 관점에서의 관계공중과의 우호적 관계형성을 포함한다.

변화하는 국내 PR회사들

광고, 홍보 부서는 대기업 내의 한 부서로 자리 잡고 있는 경우도 있지만, 최근에는 이를 전문적으로 대행하는 기관들이 많이 생겨나고 있는 추세다. 초기 국내 PR회사들이 하는 일은 단순한 언론대행 업무에 그쳤으나 이제는 홍보물 기획, 제작, 마케팅 컨설팅은 물론 위기관리, PR이벤트까지 업무 영역을 넓혀가고 있다. 또한 전 세계를 대상으로 한 PR활동을 위해 외국 PR회사와 업무제휴를 맺기도 한다.

PR과 광고의 비교

	PR	광고
커뮤니케이션	쌍방(two-way) 커뮤니케이션 전달→반응→재전달→합의	일방적(one-way) 커뮤니케이션 전달→설득→행동유발
목적	공중과의 이해, 친선도모 (고지/설득)	이익의 극대화 (구매욕구와 행위유발)
집행유형	미디어를 매개체로 하여 집행	미디어를 통해 유료로 집행
수단	기사, 이벤트, PR잡지 등	광고
기간	장기적	단기적
방법	간접적	직접적

새우깡 광고와 새우깡 PR로 알아보는 광고와 PR의 차이

광고와 PR은 어떻게 다른 것일까? 새우깡은 1971년 판매가 시작된 한국 사람들에게 가장 사랑받는 스낵 과자 중 하나다. 매운맛, 쌀 첨가, 오징어 먹물 맛 등 여러 가지 변종도 있으며 90g 한 봉지의 열량은 450kcal다. 이처럼 제품과 직결된 사실을 토대로 소비자들의 욕구를 자극하는 메시지를 통해 매출을 증진시키고자 하는 활동이 광고다. 한국 사람이라면 '누구든지 들어요, 농심 새우깡'이라는 광고 메시지를 들어보지 않은 사람은 없을 것이다.

그렇다면 새우깡 PR이란 무엇일까? 2008년 3월 17일 '노래방 새우깡'에서 생쥐 머리로 추정되는 이물질이 발견되었다는 뉴스가 모든 방송의 톱뉴스로 보도되었다. 전 국민은 경악하였다. 문제의 원인은 중국산 반제품에 있는 것으로 확인되었다. 식약청은 문제의 반제품으로 만든 새우깡을 즉시 수거하도록 지시하였다. 이와 함께 문제가 된 중국 공장에 대해 현지 실태 조사를 벌이기로 하였다. 새우깡, 더 나아가 농심이라는 기업이 죽느냐 사느냐의 절체절명의 위기상태에 빠지게 된 것이다. 이러한 상황에서 농심 측에서 방송사와 신문사, 정부, 그리고 가장 중요하게는 국민들을 대상으로 진심에서 우러난 사과의 메시지와 함께 이 사태가 발생한 근본원인을 정확히 밝히고, 향후 더욱 위생적이고 맛있는 새우깡을 생산, 유통하기 위한 대책을 널리 알렸다. 이처럼 국민들이 새우깡을 다시 신뢰하고 소비할 수 있도록 하는 활동이 PR이라고 할 것이다.

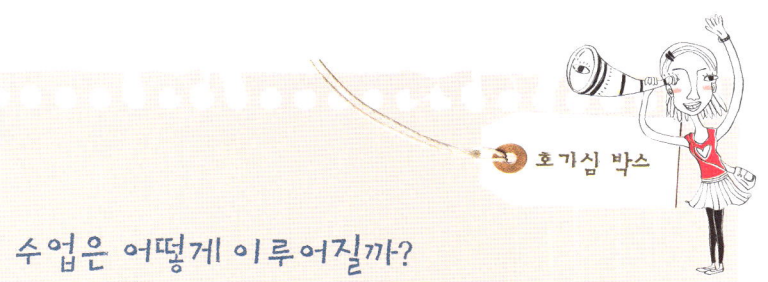

수업은 어떻게 이루어질까?

광고나 홍보 수업은 저널리즘 수업과 비교해서 팀을 이루어서 하는
과제가 많은 편이다. 또한 창의적인 과제와 시험으로드 유명하다. 광
고 수업의 기말시험으로 '사랑하는 사람에게 고백하는 내용의 편지를
써라. 단 사랑이라는 단어가 글에 들어가면 안 되고, 좋아하는 것을
직접적으로 서술하는 어떤 표현도 삼가라.'는 것도 있었다. 실제 공모
전을 대상으로 팀 프로젝트를 준비하며 수업을 해나가는 경우도 심심
치 않게 볼 수 있다.

'문화연구'는 무엇을 배우는 것일까?

문화연구에서는 커뮤니케이션 관점에서 정치, 사회, 문화 현상을 분석하고 비평하기 위한 이론과 분석방법을 공부한다. 문화연구의 이론을 정치경제학적으로 또는 문화론적으로 접근해서 알아보고, 테크놀로지가 발전하면 우리 사회에 어떤 변동이 생기는지, 근대 소비문화와 소비사회 형성 간에는 어떤 관계가 있는지, 역사적 문화연구에는 어떤 것들이 있는지에 대한 의문을 품는 분야라고 할 수 있다.

기초과목
– 비판 커뮤니케이션이론

심화과목
– 대중문화 연구
– 여성과 미디어
– 매스컴사회학
– 영상매체비평

문화연구의 학문적 성격
1930년대 이후 몇몇 사회과학자들이 데이터를 수집하고 자료의 경향을 도표로 만들어내는 과학적 연구에 대한 한계를 지적했다. 이런 분위기에

발맞추어 유럽을 중심으로 비판적 연구가 등장하기 시작한다. 유럽의 미디어 연구는 과학적 접근보다는 해석적 접근을 하려는 경향을 가진다. 문화비평가적인 입장에서 미디어를 바라보는 것이다. 마르크스나 그람시와 같은 정치철학자들이 사회 현상을 바라보는 관점을 이론적 토대로 하여, 매스미디어가 어떠한 방식으로 사회에서 계급 조직을 유지시키는지에 대해 연구한다.

문화연구는 매스미디어와 대중문화에 관한 비판적 연구의 대표적인 관점이다. 1970~1980년대 영국의 버밍햄 대학 현대문화연구소의 스튜어트 홀이 주창한 문화연구는 문학, 예술, 여성학 등 다양한 관점에서 대중문화를 연구한다. 문화연구의 관점은 문화주의라고도 불리며 다중문화의 일상적 과정 속에서의 정치적 담론과 권력의 형성과정에 관심을 가진다.

정리를 해보면 기본적으로 문화연구는 출발 단계부터 비판연구의 전통을 따르고 있으며, 이론적인 다양성과 개방성의 형태를 취하고 있다. 하나의 학문 분야라기보다는 학제 간의 연구를 모형으로 삼고 있다. 문화 현상 자체가 한 분야의 전문가가 다루기에는 지나치게 복잡하고 방대한 현상이기 때문이다.

연구대상과 접근방식

문화연구는 우리의 일상, 즉 생산활동, 소비활동, 여가와 놀이문화, 패션, 사람들 간의 관계, 소통활동 등을 모두 연구대상으로 한다. 인종, 성,

계급, 권력 지위의 불공평한 배열과 관련된 이슈에 관심을 가진다. 문화 연구의 분석적 접근방법으로는 텍스트 분석, 수용자 연구, 정치경제학적 분석이 있다.

① 텍스트 분석

텍스트 분석은 영화나 문학에서 많이 쓰인다. 텍스트 속의 의식이나 내러티브, 의미를 탐구하는 것이다. 1974년부터 1994년까지 미국 대중잡지에 실린 성생활 가이드 텍스트 분석을 통해 대중잡지가 젊은 여성들로 하여금 자신을 낮추는 것이 하나의 미덕인 양 인식하게 한다는 점을 밝힌 연구가 이러한 텍스트 분석 연구의 사례라고 할 것이다.

② 수용자 연구

커뮤니케이션 매체를 이용하는 수용자의 크기와 질적특성에 관심을 가지는 것이다. 나이, 성, 사회적 계층, 직업 등이 수용자를 측정하는 주요 범주가 된다. 연구방법으로는 실험 연구, 조사 연구, 참여관찰, 집단 면접, 문헌 분석 등이 쓰인다.

③ 정치경제학

정치경제학적 관점은 문화(정치현상)의 상품성(경제적 메커니즘)을 강조하고 이에 대한 분석에 초점을 맞춘다. 이 관점에서는 대중문화를 자본주의적 산업구조 내에서 생산된 결과물로 보고 자본주의 체제의 유지에 기여하는 이데올로기적 기능을 담당한다고 말한다.

동아리 활동과 워크숍을 적극 활용하자!

실습과목만으로는 2% 부족함을 느낄 때 언론정보학과 내의 동아리에 가입하면 된다. 영상제작 동아리는 교내외 홍보 동영상 제작 등으로 동아리 운영에 필요한 예산을 마련하기도 하며 준비한 작품을 영상제에 출품하기도 한다.

저널리즘 쪽에 관심이 있다면 웹진이나 잡지 또는 학교 신문사 활동을 하면 된다. 취재 연습부터 언론 글쓰기까지 다양한 훈련을 받을 수 있다. 학생 신분이기 때문에 쓰고 싶은 글들은 맘껏 쓸 수 있다는 장점이 있다.

광고 홍보 동아리는 워크숍과 세미나 개최, 자체 스터디를 꾸려나가며 동아리 안에서도 팀을 조직해 공모전을 준비한다. 시민단체 무료 홍보와 같이 봉사활동도 하면서 자신의 경력도 쌓을 수 있는 좋은 기회를 만날 수 있는 곳이다.

인터넷의 발달로 학생들도 라디오 방송이나 인터넷 TV 방송을 할 수 있게 되었다. 이러한 방송 동아리에 들어가면 연출, 작가, 아나운서 등 원하는 분야를 택해서 전문가처럼 일할 수 있다.

그 외에도 사진 동아리에서는 함께 출사도 나가고 자신들이 찍은 사진을 가지고 전시회도 연다. 영화를 좋아한다면 영화 제작 동아리 이외에도 함께 영화를 보고 세미나를 하는 비평 동아리에 가입하는 것도 좋다.

언론정보학과의 워크숍은 현장에 있는 사람들의 목소리를 들을 수 있는 좋은

기회다. 방송작가 워크숍, 문화기사 쓰기 워크숍 등을 통해 현직 PD, 작가, 기자들의 생생한 체험을 듣고 나면 언론정보학 공부가 한층 더 재미있어지고 의욕도 불타오르게 될 것이다. 이처럼 이론과 실무의 균형에 이러한 특강이 더해진다면 일석삼조의 효과를 얻게 된다.

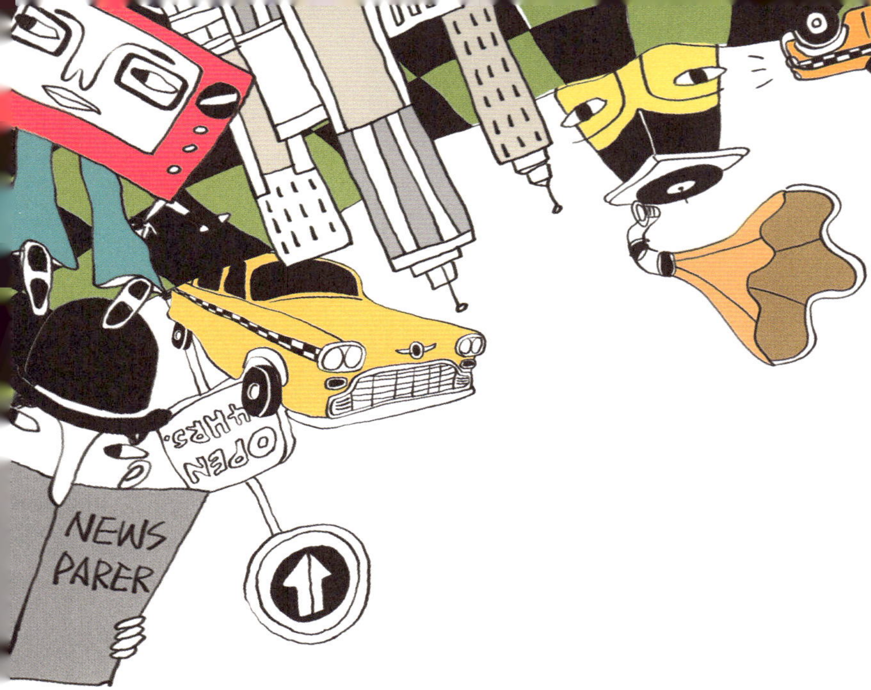

1. 특종을 위한 기자들의 무한도전

2. 오늘도 큐 사인을 외치다!

3. 20초의 예술을 만드는 광고회사 AE의 일상

4. 영화를 만드는 숨은 일꾼, 스태프의 하루

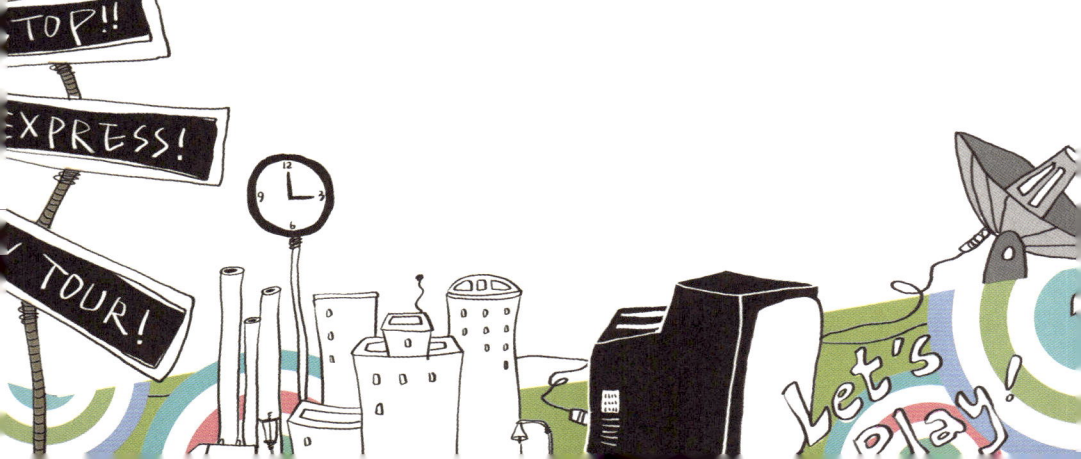

언론정보학과 졸업생들의 생생한 현장일기

언론정보학과를 졸업한 후 여러 다양한 직업에 종사할 수 있다. 물론 언론정보학과를 전공했다고 해서 반드시 신문, 방송매체에 종사할 필요도 없고, 또 다른 전공을 했다고 하여 언론매체 분야 직업을 선택하지 말라는 법도 없다.

하지만 대학의 언론정보학 전공을 택하는 사람들은 일반적으로 기자나 PD 또는 영화제작자, 감독, 광고제작자와 같이 대중매체와 관련된 직업을 갖기 원한다. 그래서 여기서는 일반적으로 언론정보학과 전공자들이 가장 많이 선호하는 기자와 PD 직종 그리고 영화 스태프 종사자의 경험담과 광고 AE의 일상을 살펴보기로 하겠다.

예전에는 기자와 PD 같은 직업이 많은 사람들과 접촉해야 하고 밖에서 부대껴야 하기 때문에 고된 직업으로 여겨 여성들에게는 좀 벅차다고 생각했다. 하지만 최근에는 아주 험하고 고생스러운 사건전담 기자는 물론, 몇 달간에 걸친 연속 녹화를 견딜 수 있을 만큼의 강인한 체력이 요구되는 드라마PD까지 여성들의 진출이 활발해지고 있는 실정이다.

자, 언론정보학과 졸업생들이 전해온 현장일기를 통해 자신이 꿈꾸는 미래의 직업 세계를 생생하게 느껴보자.

언론정보학과 졸업생들의
생생한 현장일기

특종을 위한
기자들의 무한도전

신문기자와 방송기자의 기본적인 취재과정은 같지만 신문은 기사로서 뉴스를 전달하고, 방송은 영상과 기자의 멘트로 내용을 내보내기 때문에 약간은 다른 입장에서 일한다. 뉴스는 말 그대로 신속성이 생명이므로 기자는 하루 단위의 일상을 기록한다. 기자는 처음에 들어가 수습기자 생활을 하는데 이것을 '사슴앓이'라고 부른다. 이 용어의 어원은 여러 가지 설이 있으나 견습생을 뜻하는 일본어 '사시마와리'에서 유래됐다는 것이 정설이다.

예전에는 아주 혹독한 수습기자 생활을 했는데 보통 경찰서에서 사건 담당기자를 하면서 '사슴앓이' 기간을 보낸다. 잠도 안 자면서 며칠씩 사건현장에서 취재하는 힘든 시간이다. 이러한 수습기간이 끝나면 본격적으로 출입처를 지정받아 취재하는 '출입처 기자'가 된다.

사슴앓이 시절의 추억

– 〈조선일보〉 김우성 기자

"저희는 청도 출발가로 큰 거 하나에 480이에요. 부산 도착가를 480으로 맞추는 공장도 있는데, 질이 많이 안 좋죠."

2006년 8월 13일 오후, 중국 칭다오(靑島)에 있는 한 김치공장. 긴장의 연속이었다. 김치공장 사장은 내가 알 수 없는 말들을 쏟아내고 있었다. '480이라니. 480달러란 소린가? 큰 거는 또 뭐지?' 너무 모르는 티를 내면 안 그래도 틈틈이 의심의 눈초리를 보내는 사장에게 내 정체를 들킬 게 뻔했으니, 난 질문의 타이밍을 잘 잡아야만 했다.

"그러니까 큰 거라면……."

"컨테이너 박스죠."

"음, 480달러면 좀 비싼 거 같네요."

"네. 그래도 품질이 좋으니까 많이들 이용해요."

'아, 큰 거는 컨테이너 박스고 480달러면 비싼 편이구나' 꼭 쥔 손에 땀이 나기 시작했다. 그러니까, 난 중국 김치공장에서 김치를 수입하러 온 바이어 행세를 하고 있었다. 내 미션은 공장 내부를 둘러보는 것. 위생 상태를 보려는 것이었으니, 기자라고 하면 쫓겨날 게 뻔했다. 취재를 위해 동행한 한국 농민 박병민 씨가 수입업체의 사장, 난 수행비서 역할을 하기로 미리 입을 맞췄다. 박씨는 공장에 들어서기 전, "걱정 말어. 내가 연기 잘할 테니까."라며 내 어깨를 두들겨 줬지만 막상 사장

앞에 서니 그는 꿀 먹은 벙어리였다. 머릿속에 한 선배의 말이 멈돌았다. '이게 우리 시리즈의 하이라이트니까 가서 잘하고 와.'

중국산 먹거리 수입 4조 원 시대. 엔터테인먼트부가 기획한 3부작 시리즈였다. 사회부에 의뢰한 중국 현지 르포를 수습인 내가 맡았다. 처음에는 좋았다. 잠도 못 자고 먹을 것도 제대로 못 먹는 '경찰서 생활'에서 해외출장이라니. 더군다나 '일진'의 득달같은 '갈굼'에서 벗어날 수 있다니. 이게 웬 떡인가 싶었다. 여기서 '일진'은 담당 부서의 최고참 선배 기자를 일컫는다.

그러나 만만치 않았다. 출국 전까지 3일 정도 시간이 주어졌지만 할 게 한두 가지가 아니었다. '중국 현지 신문기자의 말을 들어보면 어떻겠느냐'라고 선배가 툭 던진 말에 난 칭다오에 있는 언론사들데 전화를 걸어 더듬거리는 영어로 대화를 하고, 같이 가는 박씨의 비자와 여권을 챙겨야 했으며, 취재하기로 한 일본수출회사 사장에게도 연락을 해야 했다. 그렇게 준비했지만, 한국으로 농산품을, 그것도 저질의 농산품을 수출하는 공장들의 연락처와 주소는 알 길이 없었으니, 거의 울고 싶은 마음으로 출장을 떠나야 했다.

2박3일의 일정. 도착한 첫날은 수월했다. 우리는 냉동야채를 일본으로 수출하는 기업의 한국인 사장을 만나 공장과 농지를 견학하며 대강의 설명을 들였다. 사장의 당당한 태도만큼 공장은 깨끗했

다. 사장이 한 농장의 평면도를 보여주며 "농약이 바람을 타고 날아올 수 있기 때문에 50m 내 모든 것을 기록한다"라고 하자 박씨는 "우와, 50m면 꽤 먼 거리인데"라며 놀라워했다. 농장에서도 박씨의 입은 다물 어지지 않았다. 잡초 제거 방법을 묻는 박씨의 질문에 관리인이 "제초 제는 쓰지 않고 20명의 인부가 직접 손으로 제거한다"라고 답하자 박 씨는 "한국에서는 엄두도 못 낼 일"이라며 질린 표정을 지었다. '음, 이 정도면 무난한 취재야' 난 속으로 쾌재를 불렀다.

만만찮던 둘째 날은 칭다오 항에서 시작됐다. 주어진 미션 중 하나가 한국 보따리상, 일명 '다이공(代工)'을 취재하는 것이었기 때문이다. 9 시쯤 도착해 보니 그곳엔 이미 콩, 고추, 참깨가 든 20kg 단위 상자가 수백 개 쌓여 있었다. 위장 취재를 해야 할 시간이다! 나는 고등학교를 졸업하고 잡일을 하다가 이 일에 관심이 생긴 20대 젊은이 행세를 하기 로 했다. 보따리상과 무역소를 전전하며 나는 요즘 시세가 얼마인지, 근황이 어떤지 등을 묻고 다녔다. 정오 무렵, 온몸은 긴장과 땀으로 흠 뻑 젖어들었다. 오후엔 바이어 행세를 하고 다녔으니, 이날은 위장 취 재의 연속이었던 셈이다.

한국으로 돌아오는 마지막 날, 나는 아쉬움에 몸을 떨었다. 당시 칭다 오에서는 맥주 축제가 열렸지만 지나가다 얼핏 보았을 뿐 정작 안에 들 어가지 못했다. 박씨는 "이건 뭐, 요양하는 기분으로 다녀오라 그러더 니 하루 종일 무지 돌아다니는구먼"이라며 끊임없이 투덜거렸다. '하 지만 선생님, 어쩝니까? 취재 못 해 선배한테 꾸지람 들을 걸 생각하면 놀아도 좌불안석인 걸요' 나는 속으로 중얼거렸다. 모든 일정이 끝나고

돌아오는 비행기 안, 나는 '이제 기사를 어떻게 쓰지?' 란 생각에 다시 한 번, 좌불안석이었다.

출입 기자의 하루 엿보기
– 〈한겨레〉 정치부 조혜정 기자

오전 8시 30분, 국회에 가다

국회에 도착해 노트북을 켜고, 기자실에 배달된 다른 조간신문을 재빨리 훑어보며 어떤 기사가 났는지를 살펴보는 게 제 하루 일과의 시작입니다. 제 출입처인 한나라당 관련 기사 중에 혹시 저는 못 쓴 '단독 보도'는 없는지, 똑같은 상황을 다른 기자들은 어떻게 썼는지를 챙겨봐야 하지요. 다행히, 오늘은 특별히 눈여겨볼 기사는 없네요. 혹시 제가 놓친 일을 누가 기사화했다면, 관련된 국회의원이나 보좌진들한테 전화를 걸어 사실관계를 확인하고 관련기사를 준비해야 하는지를 판단해야 하거든요.

오전 9시, 원내대책회의 취재하다

오늘은 국회 전략을 논의하는 원내대책회의가 열리는 날입니다. 이런 회의는 보통 매일 오전 9시에 열리는데, 안상수 원내대표가 주재하는 원내대책회의 말고도 강재섭 대표가 주재하는 최고위원회의가 있어요. 당 지도부가 마이크를 놓고 둘러앉아 있고 뒤쪽에 기자들이 노트북을 무릎에 놓고 있는 모습을 뉴스에서 가끔 봤을 거예요. 그게 바로 당 회의 장면입니다. 언론이 다뤄주길 바라는 주제를 당 지도부가 20~30분 정도 이야기하고 나면 기자들은 빠지고 회의는 비공개로 진행되죠. 오

늘 회의에서 나온 이야기는 대부분 미국산 쇠고기 수입 협상과 한·미 자유무역협정 비준동의안 처리를 둘러싼 내용입니다.

오전 9시 30분, 기사 내용을 보고하다

기자실로 돌아와 회의 내용, 그전에 취재한 내용, 그날의 일정 등을 바탕으로 기삿감을 찾아 발제를 합니다. 이걸 보고라고 해요. 각 부서 취재기자들이 저마다 "오늘은 어떤 기사를 쓰겠다"라고 보고를 하면, 부장들은 그 내용을 취합해 편집국장, 부국장 등과 함께 '편집회의'를 엽니다. 1면 톱기사로는 뭘 쓸지, 종합면엔 뭘 쓸지 등을 정해 그날의 지면계획을 짜는 거죠. 여기서 결정된 계획에 따라, 부장들은 다시 취재기자들과 기사의 구체적인 방향과 보완할 점 등을 논의합니다. 이 과정에서 처음 발제한 내용이 더 큰 기사가 되기도 하고, 기사가치가 없는 것으로 드러나기도 해요.

오전 11시, 또 다른 취재

오늘은 서울 수송동 '희망제작소'에서 지방자치단체장 육성 프로그램과 관련한 간담회가 열립니다. 정치부 기자가 관심을 기울이고 취재할 만한 내용이죠. 박원순 소장의 설명을 듣고, 프로그램 담당자들과 함께 점심을 먹으며 궁금한 걸 물어봐요. 얼마나 많은 사람이 지원할지, 지방자치가 아직 뿌리내리지 못한 한국의 정치 현실과 잘 맞을지 등 독자들이 궁금해할 만한 질문들이 기자들

의 입에서 쏟아집니다. 점심시간을 포함해 두 시간이 모자랄 지경이네요.

오후 2시, 취재하고 기사쓰고

국회로 돌아와 점심때 취재한 내용을 정리해 집배신 시스템이라고 부르는 회사 인트라넷에 올려둡니다. 열심히 취재는 했지만, 제가 당장 기사로 쓸 수 있는 내용은 아닌 것 같거든요. 취재해도 기사를 당장 쓸 수 없는 경우가 적지 않아요. 하지만 그런 내용은 잘 모아뒀다 기획기사로 만들어 내기도 합니다. 같은 시각, 회사에선 오후 편집회의가 열리고 지면계획이 최종적으로 확정됩니다. 전 오늘 최시중 방송통신위원장이 국회 문화관광위원회에 하는 방통위 업무보고를 취재해 기사를 써야 하네요. 최 위원장이 문광위 출석을 거부하다 뒤늦게 나온 탓에, 야당 의원들의 질타가 쏟아집니다. 지난 총선에서 낙선했는데도 끝까지 국회 활동을 열심히 하는 정청래 통합민주당 의원의 지적이 가장 돋보입니다. 두 사람의 공방을 중심으로 기사를 써야겠죠.

오후 5시, 드디어 마감시간

기자한테 마감시간은 생명입니다. 취재기자가 마감이 늦으면 기사에 제목을 달고 지면에 배치하는 편집기자의 일이 늦어지고, 신문 인쇄와 배달이 잇따라 차질을 빚게 되죠. 간신히 마감시간에 맞춰 기사를 집배신에 올렸습니다. 휴우~. 한숨 돌렸으니 의원회관에나 잠시 들러볼까 해요. 의원이든 보좌관이든 평소에 많은 취재원을 만나 이야기를 들어

뒤야 한나라당의 현안과 관련한 흐름을 놓치지 않거든요. 오늘은 주로 탈당한 '친박근혜계' 인사들의 복당 문제를 어떻게 생각하는지를 물어봐야겠습니다. 물론 기자도, 취재원도 사람인지라 인간적인 신뢰를 평소에 쌓는 일도 중요하지요. 그러다 유명한 의원들을 직접 만나고, 친해지고, 알려진 것과 다른 모습을 직접 보게 되는 신기함과 재미도 쏠쏠하고요.

오후 7시, 일이 끝난 건 아니다

저녁엔 당의 정책을 담당하고 있는 한 의원을 한나라당에 출입하는 다른 회사 기자들 몇몇과 함께 만나기로 했어요. 들끓는 '미국산 쇠고기 재협상' 여론을 어떻게 정책으로 수렴할 것인지, 당과 정부의 엇갈리는 의견을 어떻게 조율할지 묻고 또 묻습니다. 민감한 현안이라 자꾸 답변을 피하려 하네요.

오후 9시 30분, 마지막으로 기삿거리 확인하기

오늘은 청와대에서 대통령과 한나라당 상임고문단의 만찬이 있는 날입니다. 정책을 맡은 의원과 저녁 자리를 끝낸 뒤, 다시 국회로 돌아와 만찬 참석자들한테 전화를 걸어요. 어떤 이야기들이 오갔는지, 혹시 기사를 쓸 만한 내용은 없는지 확인을 해야 하거든요. 1시간 정도 전화를 돌린 결과 다행인지 불행인지, 오늘은 특별히 기사를 쓸 일은 없을 것 같네요. 긴 하루가 이렇게 끝이 나는 모양입니다.

아, 조간신문은 보통 새벽 2시까지 대여섯 차례 업데이트(판갈이라고 해요)를 합니다. 신문 1면 맨 오른쪽 윗부분에 '1판', '3판', '6판' 등으로 적힌 걸 본 적이 있을 거예요. 서울에서 찍는 신문이기 때문에, 지역으로 보내는 데 걸리는 시간을 감안해 제주도, 충청과 강원, 영호남, 경기, 수도권 순으로 판갈이를 했다는 표시입니다. 판갈이를 하면서 기사와 제목을 업데이트하고, 혹시 오타가 있으면 수정도 하게 됩니다.

〈조혜정 기자가 알려주는 팁〉 신문기자에게 필요한 것

가끔씩 이메일로 "신문기자가 되려면 어떻게 해야 하나요?"라고 묻는 친구들이 있습니다. 이른바 명문대를 가야 하는지, 어떤 전공을 해야 하는지, 학점과 토익, 입사시험 대비는 어떻게 해야 하는지 등 아주 구체적인 질문을 하는 친구들도 많아요.

하지만 전 친구들한테 지금 가장 중요한 건 스스로한테 "내가 왜 신문기자가 되려고 하지?"라는 질문을 끊임없이 던져보는 일이라고 생각해요. 학점이나 토익 같은 것은, "어떤 기자가 되고 싶다"는 큰 목표가 정해진 다음 그걸 이뤄줄 아주 작은 수단일 뿐이니까요. 그 질문에 답을 하려면, 두루두루 책을 많이 읽고 주변 사람들과도 많은 이야기를 나눠봐야겠지요. 중학교 2학년 때부터 신문기자가 되고 싶었던 저는, 좀 추상적이었지만 '기자가 돼 사람이 사람답게 사는 세상을 만드는 데 도움이 되고 싶다'는 꿈을 꿨습니다.

또 한 가지 기자한테 없어선 안 되는 건 바로 호기심입니다. 같은

일을 접하더라도 '왜?'라는 궁금함이 자연스레 끊임없이 샘솟아야 이면에 감춰진 진실을 볼 수 있겠지요. 신문 기사를 읽더라도 '아, 이런 일이 있었구나'하고 고개만 끄덕일 일이 아니라, '왜 이런 기사를 썼을까, 기사가 말하지 않은 다른 일은 없을까, 이렇게만 바라볼 일일까?'라고 생각해 보세요. 세상을 바꾼 특종은, 바로 이 호기심에서 출발했습니다.

마지막으로, 기자는 몸도 마음도 건강해야 합니다. 사실 기자가 감당해야 하는 업무 강도와 스트레스는 보통 이상입니다. 건강하지 않으면 일을 즐기기는커녕 버티기도 힘들죠. 평소 몸과 마음을 잘 관리할 수 있는 자신만의 방법들을 찾아보세요. 이 글을 읽는 친구들 모두 좋은 꿈 이루길 바랍니다. 아자!

방송기자의 매력을 알려 드립니다!
- MBC 조윤정 기자

"현장에 나가있는 취재기자 연결합니다! 조윤정 기자!"
수천 명이 '미친 소 너나 먹어' 라는 구호를 외쳐대는 가운데, 귀 뒤로
꽂은 이어폰에서 앵커의 목소리가 들립니다. 아무것도 보이지 않는 까
만 카메라 렌즈를, 마치 스튜디오에 앉아서 앵커의 눈을 바라보듯이 쳐
다보며 대답합니다. "네, 청계광장입니다. 이곳에는 직장인과 학생
4,000여 명이 모여…." 9시 뉴스데스크 생방송이 시작된 겁니다.

기자만의 매력이라면 현장성이 아닐까 싶습니다. 2008년 5월을 뜨겁게
달구고 있는 미국산 쇠고기 수입 반대 촛불 문화제에도, 수만 명의 목
숨을 앗아간 중국 쓰촨성 대지진 현장에도, 이건희 전 삼성 회장이 특
검에 소환되는 현장에도 기자라서 가장 가까이 있을 수 있었습니다. 사
회가 변화하고 있는 그 순간을 지켜볼 수 있는
겁니다.
2005년 12월 황우석 박사가 서울대 병원
병실에서 26시간 만에 나와서 스스로 줄기세
포 논문에 문제가 있다고 밝혔던 순간이 기
억납니다. 물론 황 박사 덕분에 병실 앞에서
새벽 5시부터 그 다음 날 아침 7시까지 26시간

언론정보학과 졸업생들의
생생한 현장일기

을 꼬박, 제대로 한 번 앉아보지도 못하고 전전긍긍하며 기다려야 했지만(이런 끝을 알 수 없는 기다림을 기자들은 종종 '뻗치기'라고 부릅니다), 역사의 한 페이지가 넘어가는 현장에 있었다는 벅찬 느낌이 아직도 묵직하게 다가옵니다.

피겨요정 김연아 선수가 여자 싱글 쇼트프로그램 세계신기록을 세웠던 2007년 3월도 생생합니다. 피겨 강국이자 라이벌 아사다 마오의 나라 일본에서 열린 세계선수권대회, 어린 소녀가 카리스마 넘치는 연기와 완벽한 기술로 수천 명 관객을 완전히 끌어들이는 모습은 눈물이 날 정도로 멋졌습니다. 다시 보기 쉽지 않은 세계신기록 달성의 순간을 두 눈으로 지켜볼 수 있다는 데 참 감사했습니다.

모든 기자가 역사의 현장에 가까이 있지만, 특히 중계차는 방송기자만이 할 수 있는 경험입니다. 활자만큼 깊이 있는 정보를 전달하기 어려운 방송이 강점을 보일 때가 중계차처럼 현장에 카메라를 들이댈 때입니다. 역사가 꿈틀대는 현장에서 내 목소리로 그 현장을 전달한다는 건 분명 매력적인 일입니다. 직접 쓴 기사가 기록이 돼서, 역사의 재료가 될 테니 말이죠.

기자는 공과(功過)도 확실합니다. 뉴스가 방송을 타기까지 취재와 제작에서 어떤 과정을 거쳤든, 뉴스의 마지막은 'MBC 뉴스 △△△입니다'로 끝납니다. 자신의 이름을 걸고 뉴스가 나가는 겁니다. 특종 혹은 잘 만든 뉴스라면 그 성과는 오롯이 담당기자가 누릴 몫이고, 오보이거나 질이 떨어지는 뉴스라면 비난 또한 담당기자가 감당해야 합니다. 만일

소송이 걸리는 등 문제가 발생한다면, 법적 책임까지도 고스란히 기자가 져야 합니다. 누구도 나의 공(功)을 낚아챌 수 없고, 누구도 자신의 과실을 피할 수 없다는 건 조금은 두려운 일이긴 해도 기자라는 직업의 장점임이 틀림없습니다.

기자들은 자신의 출입처에 대해서도 '무한 책임'을 집니다. 정치부라면 여당과 야당, 각 정부부처, 경제부라면 은행, 증권, 보험 등 각각 맡은 출입처가 있습니다. 사회부는 서울을 경찰서 중심으로 몇 개의 지역으로 나눠서 각각 담당합니다. 출입처에서 일어나는 일은 무조건 출입기자 책임입니다. 이 지역에서 무슨 일이 일어나든, 잘하든 못하든 모두 출입기자의 몫입니다.

사회부는 교통사고에서 살인사건까지 자신의 지역에서 일어나는 모든 사건사고를 담당합니다. 거의 모든 사건이 예측할 수 없이 돌발적으로 발생한다는 게 고된 점입니다. 언제 어디서 불이 날지, 혹은 건물이 무너질지 아무도 모르기 때문입니다.

매일 아침 6시 경찰서 기자실로 출근해 밤사이에 무슨 일이 있었는지 확인합니다. 경찰서에서 확인되는 사건사고는 대개 이런 겁니다. '식당에서 버린 부탄가스를 마신 36살 김 모씨가 경찰에 붙잡혀', '교도소에서 만난 30대 남성 둘이서 인터넷에서 구입한 만능키로 빈집털이를 하다 경찰에 구속돼', '자신의 아들하고 놀지 말라며 중학생 아들 친구를 공터로 불러내 각목으로 위협한 43살 이 모씨 경찰에 붙잡혀' 등등 말이죠. 보통 사람들이 일상생활에서 쉽게 접할 만한 일들은 아니지만, 이 정도로는 뉴스거리가 되지 않습니다.

그래도 늘 꼼꼼히 챙겨야 합니다. 어느 날 갑자기 다음과 같은 일이 발생할지 모르니까요. '프랑스인들이 모여 사는 서래마을 냉동고에서 얼어있는 갓난아이 시신 2구가 발견됐다', '둔기로 딸 셋을 죽이고 도망간 살인범이 붙잡혔는데 추가 범행이 있다' 등 이러한 일이 터지면 사건이 종료될 때까지 그야말로 치열한 취재경쟁이 시작됩니다. 사건의 한복판으로 뛰어드는 거죠. 이 사건들은 2006년을 한참 동안 시끄럽게 했던 '프랑스인 영아 유기 사건'과 20명이 넘는 사람을 죽거나 다치게 한 '연쇄살인범 정남규'에 대한 첫 정보였습니다.

기자란 육체적으로도 정신적으로도 고된 직업입니다. 언제나 예측할 수 없는 일을 맞닥뜨리게 되고, 가르쳐 주지 않으려는 사람들을 대상으로 뭔가를 알아내야 하니까요. 그래도 사건의 현장, 그 중심에 서있고 싶다면, 내가 한 만큼 결과물을 인정받고 싶다면 한 번 도전해 볼 만하지 않을까요.

오늘도 큐 사인을 외치다!

신문기자가 하루살이 삶을 산다고 하면 방송사PD는 대부분 주간 단위의 삶을 산다. 그 이유는 장기간에 걸쳐 기획, 취재, 편집 후 방영하는 기획 취재 다큐멘터리 프로그램을 제외하고는 방송 프로그램의 제작 기간이 1주일 단위로 돌아가기 때문이다.

PD는 크게 3개의 전문 영역 PD로 나뉜다. 시사교양PD, 예능오락PD와 드라마 제작PD가 그것이다. 직접 프로그램을 제작하지는 않지만, 프로그램을 기획하고 무슨 요일 어느 시간에 배열할지를 결정하는 편성PD도 있다. PD들도 기자와 마찬가지로 오랜 수습기간을 가지는데 보통 드라마PD의 수습기간이 제일 길다. 이렇게 수습기간 중인 PD들을 조연출PD라고 부르며 자기 자신의 프로그램을 처음으로 방영하는 것을 방송가의 용어로 '입봉'이라고 한다. 드라마PD의 입봉기간은 통상적으로 7~8년이나 된다. 이에 비해 예능오락PD나 시사교양PD의 입봉기간은 상대적으로 매우 짧다.

돌고 도는 물레방아 인생, 예능PD의 일주일
– KBS 『열린음악회』 김 충 PD

예능프로그램을 제작한다는 것은 하나의 화폭에 여러 개의 그림을 덧칠해 놓고, 관람객이 지켜워할 때마다, 앞 그림을 지워나가는 이상한 전람회와 같다. 웃음과 감동도 패션인 만큼 얼마나 잘 진화하는지에 따라 자신에게 한 시즌 동안 맡겨진 프로그램이 죽느냐 사느냐 결정된다. 따라서 예능 프로그램을 제작하는 PD는, 시청자의 요구와 프로그램의 완성도라는 두 마리의 토끼를 잡기 위해 끊임없이 변신해야 한다. 시청자의 요구만 좇다보면 몇 주 못 버티는 순간적인 프로그램이 되기 쉽고, 프로그램의 완성도를 높이기 위해 프로그램 내적 논리에 충실하다 보면 자칫 시청자의 시선에서 벗어나기 십상이다.

그렇기 때문에 시청자의 수용 정도를 판단할 수 있는 객관적인 근거가 필요한데, 대표적인 것이 시청률이다. 예능 프로그램을 제작하는 PD들에게는 시청률을 받는 순간이 지난 한 주간의 평가이고 동시에 새로운 한 주의 시작이다.

첫째 날 : 어때? 올랐어?

시청률이 나온 아침부터 주위로부터 각종 판단과 평가를 듣게 된다. 섭외, 구성, 편집 등 제작의 많은 요소에 대해 부정적이든 긍

정적이든 심의실, 국장, 주위 동료, 팀원 등 다양한 경로로부터 방송된 프로그램에 대한 평가를 받는다. 물론 시청률이 기대 이상이면(요즘 추세로는 15% 이상) 다소 엉성한 방송이 되었더라도 쉽게 용서받는다. 하지만, 비록 연출이 좋았고, 재미있었더라도 첫 방송에서 시청률이 기대 이하(요즘 추세로는 10% 이하)가 될 경우 "나쁘진 않았어" 정도의 유보적인 판단만 듣더라도 다행이다.

그러나 2~3주 비슷한 시청률이 나온다면 "바꿔야 되지 않아?"라는 말로 시작되는 변화의 압력을 받게 된다. 물론 경쟁이 생활화된 예능PD는 굳이 주위의 평 때문만은 아니라도 현재 다른 프로그램에 지고 있다는 상황이 싫어 뭐든지 바꾸어야 한다는 강박관념에 쉽게 빠지게 된다. 보통 문제 해결을 위한 첫 번째 과정은 구성회의 소집이다. 구성회의에는 작가들과 PD들이 모두 참석하게 되는데, PD들의 성격에 따라 자신의 판단과 결정을 먼저 내놓은 스타일과 남의 이야기를 충분히 듣지만 결정은 망설이는 스타일로 대별되는데 어떤 것이 효율적인지 정답은 없다.

구성회의가 잘 풀려서 살을 붙여가면서 회의가 점점 재미있어지는 경우라면 다행이지만, 서로가 낸 아이템에 대해 건전하지 않은 감정싸움이 날 경우 메인 PD들은 참 난감하다. 구성원들의 의견 조율이나 설득에 너무나 많은 시간을 소비해 버리기 때문이다. 편집 과정과 마찬가지로 이 회의에서 예능PD들은 밤을 새우게 된다.

물론 갑론을박의 과정을 거쳐 새벽녘에 어떠한 형태로 결론을 내었다고 하더라도 1주일에 하루를 소비했을 뿐이지 프로그램에 변화를 줄

수 있는 충분한 준비가 된 것은 아니다.

둘째 날 : 됐어? 안 돼? 도와줘라

어제 회의했던 것을 기초로 해서 세트, 소품, 장소 등이 가능한지를 조연출이나 막내 작가, FD 등에 맡기거나, 중요한 경우 PD가 직접 세트 디자이너나 여러 스태프들을 만나 부탁하기도 하면서 프로그램이 변화하는 데 걸리는 시간을 단축하려고 한다. 이 과정이 원활하지 않으면, 작은 것 바꾸는 데도 2~3주가 후딱 지나가 버리기도 한다.

다소 힘이 들어도 프로그램의 스태프들은 그래도 협조적이다. 그에 비해 출연자를 섭외할 때는 마음이 상하는 경우가 많다. 예전에는 PD라고 직접 찾아가면 한 수 접어주는 경우도 있었지만, 요즘은 연예인의 자기 관리가 철저해서 자신의 이미지에 도움이 되지 않거나, PD의 안면이 없으면, 만나주지도 않는다. 몇 년 전에는 섭외를 위해 꽃다발을 들고 간 PD들에게 감동해서 가끔 섭외에 응해준 미녀 탤런트도 있었다던데, 다 전설이 되어가고 있다.

셋째, 넷째 날 : 또 밤 새웠어? 재밌을까?

이래저래 섭외 등의 답을 기다리면서 편집을 한다. 요즘은 가편집, 자막편집, 종합편집 등등 편집 과정도 상당히 복잡해졌고, 최근의 제작

형태로 볼 때 버라이어티의 경우 한 번 녹화에 ENG 카메라 7~8대, 6mm 카메라 5대 정도를 활용해서 7~8 시간 녹화를 하다 보니 편집원본의 양도 장난이 아니다. 이 원본에서 시청자들이 쉽게 이해할 수 있게 프로그램의 웃음 코드를 만들어 가는 것은 상당한 노하우가 필요한데, 보통 10년차 이상 되어야 단위 프로그램을 제작할 수 있는 편집 감각을 가지게 된다. 편집은 경험이다. 편집실에서 밤을 많이 새울수록 메인 연출자가 되었을 때 덜 헤매게 된다.

다섯째 날 : 가면 돼?

녹화를 앞두고 부탁한 섭외, 의뢰했던 세트 등 진행 과정을 다시 체크하고, 금주 녹화를 결정한다. 구성을 하고, 대본을 정리하면서 작가들과 함께 시바위를 짠다. 시바위란 표현은 일본말로 연기라는 뜻인데, 어느 순간 버라이어티 등에서 '웃기는 상황이나 설정'의 의미로 사용되고 있다. 시바위를 적절히 짜야 녹화가 풀리지 않을 경우 헤쳐나갈 수 있는 총알이 많이 생긴다.

여섯째 날 : 나를 따르라!

실제 녹화시간만 7~8시간 정도 걸리는 버라이어티의 경우에는 한순간도 긴장을 놓을 수 없다. 출연자들을 독려하기 위해 계속 웃어주어야 하고, 잘 안 풀릴 경우 메인 MC와 계속 대화해야 하며 스태프들과 녹화 중에 발생할 수 있는 기술적인 문제에 대해 잘 대처해야 한다. 게다가 지난주보다 시청률이 1%라도 올랐다면 녹화장 분위기를 끌고 가는

데 무리가 없겠지만, 시청률이 하락 국면이거나, 회생할 가능성이 없는 경우라면, 바닥으로 착 가라앉은 녹화장 분위기를 띄우기는 쉽지 않다. 하지만 어느 순간도 놓치지 말아야 한다.

예능PD는 선장이다. 망망대해를 헤쳐나가기 위해 많은 선원들의 이야기에 귀를 기울이고 판단해야 하며, 항상 전향적인 가치를 심어줄 수 있는 긍정적인 책임감이 필요하다.

일곱째 날 : 잘돼야 할 텐데

방송용 테이프을 넘기고 나면 PD들의 성격에 따라 회사에서 작가들과 함께 모여 방송을 보거나, 집에 가서 식구들을 억지로 모니터를 시켜가면서 방송을 보는데, 어느 경우나 PD들은 자신의 의견이나 느낌보다 주위의 눈치를 살피게 된다. 특히 방송 중에 주변에서 웃음이 잘 터지지 않으면 몹시 불안하게 되고, 방송이 끝나자마자 홈페이지에 들어가서 네티즌들의 평가를 보게 된다. 네티즌들의 촌평이 좋은 경우에는, 나쁜 경우보다야 좋겠지만, 시청률과 직접적인 상관관계가 없기 때문에 다시 아침까지 기다려야 한다는 부담이 있다.

이런 느낌으로 선잠을 깬 아침 8시 전후에 인터넷상에 공개된 시청률을 보고, 출근을 한다. 회사의 공식적인 시청률을 보고 다시 주위와 자신 내부의 평가를 받기 위해서.

이처럼 예능PD들의 1주일은 다람쥐 쳇바퀴 돌듯 지나가지만 언제나 그 자리에 다시 서게 된다. 주변에서 보면 굉장히 재미있는 일을 하고, 상당히 유쾌한 사람들만 만난다고 생각하지만, 제작과 평가에 따른 순환 기간이 너무 짧고 결과가 명확하기 때문에 극도의 스트레스에 빠지게 되고, 프로그램을 맡은 기간 동안은 1년 52주 내내 똑같은 모습으로 돌고 돌면서 좀 심하다 싶을 정도로 탈출구를 찾지 못하는 경우도 있다.

그럼에도 음악PD의 경우 자신이 준비한 공연을 보는 청중들의 행복한 표정에서, 버라이어티PD의 경우 "어제 재밌더라"라는 주위의 말 한 마디에서 자신이 맡은 프로그램이 매주 진화해야 한다는 이유를 찾고 또 밤을 지새운다.

세상에 웃음을 선물하다
– KBS 「해피투게더」 김광수 PD

시청자의 기호와 욕구에 민감한 수많은 방송 프로그램 속에서도 하루하루 빠르게 변해가는 것이 예능 프로그램이다. 참신한 포맷이 아니면 도태될 수밖에 없는 예능계의 냉엄한 현실 속에서 PD들은 숨 가쁜 시청률 경쟁을 하고 있다.

정답도, 공식도 없는 시청률을 높이기 위해 PD는 작가들과 머리를 맞대고 아이디어 회의를 한다. 예능 프로그램을 만들려면 트렌드에 민감해야 하며 독특하고 창의적인 콘셉트를 개발하기 위해 항상 머리를 싸매야 한다. 그렇기 때문에 다른 방송 프로그램을 모니터하는 것은 물론이요, 주변 사람들의 이야기나 인터넷 등을 통해 웃음 코드를 찾는다. 회의에서 나온 아이템을 구체화시키는 것도 예능PD의 역할이다. 그저 웃음과 재미만 끄집어내는 것이 아니라 시청자가 원하는 그 이상의 것을 덧입혀야 한다.

아이템을 진행하는 것과 동시에 이뤄지는 것이 바로 섭외다. 지금 예능계는 그야말로 섭외전쟁시대다! 아무리 좋은 아이템이라도 출연자들이 훌륭하게 소화해 주지 못한다면 결코 빛을 볼 수 없다. 그래서 틈날 때마다 프로그램 성격에 맞는 소위 뜨고(?) 있는 연예인부터 추억의 연예인들을 수소문한다. 프로그램의 성격에 따라 여러 가지 변수가 있겠지

만 예능 프로그램의 경우 출연자가 시청자들의 선택을 좌우하는 큰 변수가 된다.

최고의 인기 연예인을 섭외하는 건 그야말로 삼고초려. 작가와 함께 수시로 연락을 해서 프로그램의 성격과 섭외취지에 대해 설명하고 출연 제의를 한다. 그리고 출연확답을 얻어내기 위해 직접 찾아가기도 한다. 최고의 연예인을 섭외하는 것과 함께 방송 출연을 통해 가능성을 발휘할 수 있는 신인을 발굴하는 것도 또 하나의 일이다. 숨어있는 보석을 찾아내기 위해서는 방송에 잠깐 나오는 신인일지라도 주의 깊게 살피는 관찰력과 사람을 보는 정확한 눈이 필요하다.

섭외가 확정되고, 아이템 진행이 마무리되면 녹화를 한다. MC와 게스트들의 수다가 계속되고, 녹화장에 웃음이 가득 찰 때 PD는 누구보다 크게 반응하며 촬영장 분위기를 좋게 만든다. 그리고 더욱 편안한 분위기에서 녹화를 할 수 있도록 출연자와 제작진을 격려한다. 또 큐 사인 후 재미있는 상황과 순도 100% 웃음을 이끌어 내기 위해 끊임없이 머리를 굴리면서도 만일의 사고에 대비해서 긴장의 끈을 놓치지 않는다.

녹화를 마치면 휴식도 잠시, 편집실에서 고독하고 고된 싸움이 시작된다. 며칠 밤을 지새우며 녹화 테이프를 돌려보고 시청자에게 가장 큰 웃음을 줄 수 있는 포인트를 찾는다. 이 과정에서 여러 사람들의 의견을 듣는 것은 당연한 일이다. 1차 편집이 끝나고 나면 작가진을 포함한 전체 시사를 통해 덧붙여야 할 내용이나 빼야 할 내용에 대해 이야기를 나눈다. PD는 그렇게 여러 사람들의 의견을 듣고 수정에 수정을 거듭

하여 가장 재미있는 상황을 만들어 낸다. 편집이 끝나면 상황에 맞는 자막을 쓰고 박수소리, 바람소리 등 웃음을 극대화시킬 수 있는 효과음을 넣는다. 화면편집과 함께 자막과 효과음은 프로그램의 재미를 높이는 중요한 장치가 되었기 때문에 최신 유행어와 음악 등에 관심과 지식을 가지고 작업을 한다.

자막을 쓰고 효과음을 넣고 나면 게스트가 출연했던 옛 방송이나 사진 등 방송에 꼭 들어가야 할 자료를 넣는다. 그리고 최종시사를 하며 정확한 방송시간에 맞춰 그림을 줄인다. 그림을 줄이고 나면 종편실로 가서 자막을 넣고 방송 내보낼 준비를 마무리한다.

방송 준비가 완벽하게 끝났어도 PD는 마음을 푹 놓을 수 없다. 방송에서 시청률은 곧 시험을 마치고 받는 성적표와 같기 때문에 PD는 방송시작 전까지, 동시간대 방송되는 다른 프로그램의 내용에 대해 살펴보고 편성시간을 꼼꼼히 확인한다.

프로그램을 전력에 비유한다면 전략과 전술은 바로 편성시간이다! 편성시간에 따라 프로그램 시청률이 희비곡선을 그리고, 그 희비곡선으로 PD는 울고 웃는다.

드디어 방송시작! PD에겐 가장 가슴 떨리는 순간이요, 긴장되는 순간이다. 방송이 시작되면 시청자의 입장이 되어 모니터를 하고 인터넷이나 홈페이지를 통해 반응을 살핀

다. 그리고 시청자들의 지적과 응원의 말들을 하나하나 가슴에 새기며 앞으로 프로그램이 나아가야 할 방향과 개선점에 대해 생각한다.

프로그램의 생명은 시청률을 통해 이어진다. 시청자들에게 관심을 받지 못하고 시청률이 잘 나오지 않으면 프로그램이 갑자기 없어지기도 한다. 시청률은 프로그램을 없애기도 하고 장수하게 만들기도 하는 강력한 힘이다. 그렇기에 PD들은 개편에 대비해 항상 새로운 것을 고민한다. 이는 마치 사막에 나무를 심는 것과 같다. 피나는 노력으로 심은 나무가 아무것도 없던 사막에 생명을 불어넣을 때 방송국에도 활기가 돈다.
시청자들에게 선택받기 위해 끊임없이 길을 걸으면서 때론 넘어지기도, 때론 길을 잃기도 하지만 방송에 대한 그 뜨거운 열정으로 PD들은 오늘도 큐 사인을 외친다.

현실 너머의 진실을 밝히다
– MBC 시사 교양 이미영 PD

이틀간 회사에서 밤을 새우고 집에 들어갔을 때였을까? 한집에 같이 사는 동생이 '오랜만'이라며 나를 반갑게 맞이했을 때가.

시사교양PD가 되기 이전에 PD라는 직업이 바쁘고 힘든 직업이라는 것을 분명히 알고 있었다. 그럼에도 불구하고 실제로 겪은 PD라는 직업의 노동 강도는 나의 기대를 초월하고도 남았다. 불규칙한 생활, 연이은 밤샘, 잦은 출장, 1주일 동안 단 하루의 휴일이라도 주어진다면 그저 감사할 뿐이다. 이런 생활에 주위 사람들은 점점 떠나간다. PD 생활 1년이면 애인이 떠나고, 2년이면 친구가 떠나고, 3년이면 가족이 떠난다더니 정말이지 애인과는 헤어진 지 오래, 친구들은 날 잡아 '결심하고' 만나야만 만남이 가능한 정도다. 더구나 편집하느라 친척 언니 결혼식에 참석하지 못한 것은 물론이거니와 촬영 스케줄 때문에 엄마가 수술하는데 병원에 가보지도 못했으니…. 그저 내 곁에 남아 '아직도' 전화해 주는 친구들과 '가끔' 집에 들어가도 '여전히' 반가워해주는' 가족들에게 감사해야 할 지경이다.

한 학습지 업체의 불법 영업 현장

을 잡기 위해 꼭두새벽부터 나와 며칠간 '기약 없는' 잠복 중. 잠복이라니! 영화 속의 형사가 된 것 같은 다소 '들뜸' 상태도 잠시, 화장실 가는 것도 밥 먹는 것도 다른 PD와 번갈아가며, 뙤약볕 내리쬐는 차 안에 하루 종일 앉아 있다는 건, 심지어 그런 상황에서도 현장에서 언제 무슨 일이 벌어질지 모르니 신경을 곤두세우고 밖을 주시해야 한다는 건 생각보다도 훨씬 많은 인내심을 요구했다. 그래도 어쩔 수 없지. 시사교양PD는 어쨌든 연출되지 않은 단 한 번의 순간과 현장 그리고 진실을 담아내야 하는 사람이니까. 꾸벅꾸벅 잘 부탁드린다고 나에게 인사하는 연예인도 없고, 스타PD가 될 가능성도 거의 없는 시사교양 PD지만 현실을 담아내고, 그 현실 너머의 진실을 밝혀내고, 그러한 노력 덕분에 세상이 조금이나마 변한다고 느낄 때 시사교양PD는 가장 뿌듯한 거니까 꾹 참는다. 인내심 있게, 눈만은 초롱초롱하게.

카메라가 낯선 건지, 방송 출연이 싫은 건지, 어쨌든 계속해서 나의 의도와는 다르게 움직이던 출연자 아줌마. 카메라를 끄고 잠시 물을 마시며 쉬고 있는데 갑자기 털어놓기 힘들만한 이야기를 나에게 툭 꺼내놓는다. 우리는 아직 만난 지 하루밖에 되지 않았는데, 몇 년은 알고 지낸 사람에게나 털어놓을 만한 이야기를 나에게 해주는 아줌마가 고맙기만 하다. 어제는 국회의원을 만나고, 오늘은 부엉이를 자식처럼 키우는 아저씨를 만나고, 내일은 고등학생들을 만나고. 시사교양PD들이 만나는 사람들은 정말로 다양하다. 현실 속의 다양한 사람들을 만나고 점점 이해해 갈 때, 그리고 내가 만든 방송이 그들에게 즐거움이든, 다른 형태

로든 무언가 도움을 주었다고 느낄 때 가장 행복하다. 다양한 사람들을 만나는 재미, 그리고 그 속에서 내가 성장하는 것을 느끼는 것, 그게 바로 시사교양 PD의 가장 큰 매력이다. 출연자뿐만이 아니라 현장에서 함께 고생하는 카메라, 조명 등의 스태프들, 그리고 선후배 PD, 작가, FD 등 가끔은 티격태격할 때도 있지만 어쨌든 나와 마음이 잘 맞는 사람들이 있고, 함께 있으면 즐거운 사람들이 있고, 힘들 때 의지할 수 있는 사람들이 있다. 밤샘할 때 통닭과 맥주와 라면을 즐겁게 같이 뜨어줄 사람들도. 출연자들과 같이 일하는 스태프들이 나의 친구이자 애인이자 가족이라면 그건 좀 오버인가.

처음으로 연출 선배 없이 나 혼자 촬영을 나가던 날, 꿈속에서조차 나는 내가 찍어야 할 상황을 떠올리며 걱정하느라 제대로 잠을 이루지 못했다. 첫 예고를 만들던 순간도 마찬가지다. 그림은 어떻게, 내레이션은 어떻게, 자막은 어떻게, 음악은 어떻게 넣어야 할지 고민하느라, 밤을 꼬박 새우고도 피곤하기는커녕 각성제를 맞은 것처럼 하루 종일 긴장상태였다. PD라는 직업은 매순간 결정을 내리고 책임을 져야하는 직업이다. 담당하는 일도 많고, 알아야 할 것도 많고, 나의 결정 하나로 영향받는 사람도 많은 직업이다. 그래서 매일 매일이 스트레스고 매일 매일이 능력부족으로 좌절하는 순간의 연속이지만, 바로 그렇기 때문에 오히려 결과물이 나왔을 때의 뿌듯함이 그 무엇보다 큰 직업이다.

내가 조금만 다른 선택을 하고, 다른 결정을 하면 그런 것들이 바로바로 결과물에 반영된다는 것, '내 것'을 만들 수 있다는 것, 그 온전한 결과물을 내가 가질 수 있고, 남에게 선보일 수 있다는 건 어디에서도 느낄 수 없는 이 직업만의 매력이다. 지나다니며 보는 길가의 간판 하나, 그 언젠가 만난 어떤 사람에 대한 인상, 친구와 어제 나눈 대화, 그 모든 것이 내 안에 차곡차곡 쌓이고, 그렇게 축적된 것들이 어느 순간 나만의 스타일과 나만의 생각으로 프로그램을 통해 표현될 수 있는 직업이란, 정말 매력 있지 않은가? 그렇기에 신체적으로도 정신적으로도 힘들지만 다들 PD라는 직업을 견뎌내고 있는 것이 아닐까.

기분 좋은 라디오 PD의 하루

– KBS 라디오 『슈퍼주니어의 키스 더 라디오』 이충언 PD

여러분이 생각하는 라디오 PD는 과연 어떤 일을 하는 사람일까요? 대부분의 사람들은 음악 또는 오락 프로그램의 제작을 떠올릴 텐데요. 사실 더 많은 라디오 PD들이 그 외의 분야에서 일을 하고 있답니다. 뉴스&시사, 교양, 교육, 외국어, 소외계층 대상 방송 등 방송의 종류도 다양할 뿐더러 편성, 프로그램 심의 평가, 서비스 기획 등 업무의 종류가 다양하기 때문입니다. 저 역시 지금의 프로그램을 맡기 전까지 시사 프로그램을 제작한 경험이 있고, 편성 업무와 서비스 개발 등 연출, 제작과 관계없는 다른 업무를 많이 했답니다.

자, 그럼 이제부터 『슈퍼주니어의 키스 더 라디오』의 PD는 하루를 어떻게 보내는지 함께 살펴볼까요? 저의 하루 일상으로 여러분을 초대합니다.

오전 10시가 되어서야 기상^^

새벽까지 회의를 해서일까요. 천근만근 무거운 몸을 일으키기가 쉽지가 않네요. 겨우 눈을 뜨고 오늘의 스케줄을 확인합니다. 아~ 오늘은 평일과 주말분 녹음이 생방송 앞뒤로 있는 날이네요. 바쁜 하루가 될 것 같아요!

오전은 나를 위한 시간

영화 「접속」과 「국화꽃 향기」에서는 늘 충만한 감성의 세련된 라디오 PD들만 나오던데…. 사실 매일 늦은 밤까지 생방과 녹음을 진행하려면 감성보다는 강한 체력과 끈기가 더 필요할 때가 있어요. 그래서 매일 빠지지 않고 운동을 하려고 노력한답니다.^^ 아! 오늘은 '케이블계의 이효리' 김나영 씨가 녹음을 하러 오는군요. 면도도 깔끔하게 하고, 간만에 멋 좀 부려야겠어요.

출근 준비를 해볼까?

집으로 돌아와 점심식사를 하고 인터넷 기사를 확인합니다. 즐겨 보는 기사는 주로 연예가 화제고요. 시간이 남으면 청소년들이 주로 찾는 디씨인사이드와 웃긴대학 사이트를 체크하는 센스! 요즘 친구들 사이에선 뭐가 유행하는지, 어떤 것이 화제에 오르는지 꼭 살펴봐야 한답니다. 온라인 음원 사이트별 차트 확인도 필수!

오후 2시 30분, 출근

출근을 하자마자 하는 일은 컴퓨터를 켜는 거예요. 결재 등 필요한 일반 업무를 마치고 미처 챙겨 보지 못한 인터넷 기사나 댓글들을 체크합니다. 어제 방송에 문제는 없었는지 심의 결과도 꼼꼼하게 살펴보고요. 무엇보다 중요한 것은 우리 프로그램 청취자들의 반응이겠죠. 프로그램 홈페이지 게시물들을 하나하나 살펴보고, 신청곡도 꼼꼼하게 체크해 놓습니다. 그리고 시간이 남으면 MBC와 SBS 동시간대 프로그램 홈

페이지도 슬쩍~. ^^

즐거운 슈키라를 위해 준비

작가가 보내온 원고 내용과 사연 등을
바탕으로 선곡을 합니다. 분위기나 흐름,
느낌 등을 잘 살려야 해서 굉장히 어려운
작업이면서도, 한편으로는 음악을 원 없이 들을 수 있어서 즐거운 시간
입니다. 선곡을 마친 후 연예인 매니저들과 방송 스케줄을 조정합니다.
녹음이 가능한 날은 언제인지, 생방송이 가능한 날은 언제인지를 잘 살
펴 섭외를 하고요. 방송 콘셉트는 무엇인지 어떠한 것들을 청취자들에
게 들려줄 수 있는지 면밀하게 이야기를 나눕니다. 그리고 저녁식사를
하러 고고~!

On Air 3시간 젠!

식사 후 작가들과 함께 프로그램 회의를 합니다. 코너의 문제점은 없는
지, 어떤 게스트가 나왔으면 하는지, 요즘 유행하는 것은 무엇인지, 경
쟁 프로그램에선 어떤 코너가 인기를 얻고 있는지 등을 이야기하죠. 하
루 중 가장 살벌(?)한 시간이죠.

녹음 먼저 하고요

주말은 거의 녹음 방송이기 때문에 대부분 주중에 녹음을 합니다. 오늘
은 일요일 방송을 녹음하는 날. 안타깝게도 김나영 씨는 깔끔하게 면도

하고 멋을 부린 저에겐 전. 혀. 관심이 없군요. 하하하!

드디어 생방! 큐!

자! 드디어 생방송 시간! 하루 중 가장 긴장되고 역동적인 시간입니다. 실시간으로 들어오는 문자 정리하랴, 보이는 라디오 촬영하랴, 큐 사인 주랴 몸이 3개라도 모자랄 것 같아요. 하지만 DJ 멘트 한마디 한마디에, 심사숙고해서 튼 음악에 바로바로 청취자들이 좋은 반응을 보이면 얼마나 기분이 좋은지. 이 순간만큼은 라디오PD로 사는 것이 가장 행복하게 느껴집니다.

이런~, 또 녹음이라니

또 다른 녹음이 있군요. 게스트는 MC몽! TV와 앨범 활동 때문에 대한민국에서 제일 바쁜 연예인 중 한 명이죠! 이특, 은혁 군은 물론이고 MC몽도 늦은 시간까지 고생이 많습니다! 작가 분들도 파이팅~!

오전 2시30분, 드디어 퇴근

녹음까지 마치고 드디어 집에 왔습니다. 오늘은 거의 12시간을 쉬지 않고 일했군요! 오늘 방송에서 아쉬웠던 것, 내일 방송에서 꼭 해야 하는 것들을 휴대전화 스케줄러에 꼼꼼하게 적으면서 오늘 하루를 마무리합니다.

자, 여러분! 저와 함께한 『슈키라 PD의 하루』 어떠셨나요? 여러분이 생

언론정보학과 졸업생들의
생생한 현장일기

각했던 일상과 비슷한가요? 아니면 아주 다른가요? 앞서 말씀드린 바와 같이 라디오PD는 음악뿐 아니라 시사, 교양 등 다양한 쿤야의 프로그램을 제작해야 하기 때문에 항상 관심의 안테나를 여러 곳으로 세우고 있어야 합니다. 또한 생방송으로 진행되는 경우가 많아서 누스나 시사 등 세상 돌아가는 이야기에 쉬지 않고 귀를 기울이고 있어야 하고요. 생방과 녹음을 매일 매일 반복하므로 건강한 체력도 항상 유지해야 합니다. 때문에 영화나 드라마에서 다뤄지는 세련되고 근사한 라디오PD의 모습은 현실과는 조금 다른 면도 있다는 점도 알려드리고 싶군요. 하하하!

오늘 여러분과의 만남 즐거웠고요, 제 이야기가 라디오PD를 꿈꾸는 라디오 키드 여러분께 도움이 됐길 바라면서 마무리할까 합니다. 늘 행복하세요!

20초의 예술을 만드는 광고회사 AE의 일상

광고회사 AE는 광고의 기획에서부터 광고제작, 방송이나 신문과 같은 매체에 대한 광고 집행, 그리고 사후 평가 단계까지를 책임지는 광고회사의 가장 핵심적인 일꾼이다. 자신이 기획해 집행한 광고 효과가 좋아 광고주가 만족하게 되면 AE의 생활도 즐겁지만, 반대로 광고주가 불만을 가지고 광고계약을 해지하게 되면 AE는 하루아침에 회사에서 일거리가 떨어진 천덕꾸러기 신세가 된다. 20초 미만의 짧은 시간 안에 TV광고는 제품의 장점 설명에서부터 구매 욕구를 일으키는 유인 메시지까지 전해야 하며, 잡지나 신문의 광고 한 면을 가지고 수많은 유사 광고 메시지와 경쟁을 해야 하기 때문에 AE는 창의력과 세상의 흐름을 읽는 능력이 뛰어나야 한다.

2006년 SK텔레콤 월드컵 캠페인을 진행하며

— TBWA Korea, 김석용 AE

2005년 11월 30일

SK텔레콤의 '2006년 독일 월드컵' 캠페인 프로젝트를 수행하게
되었다. 재미있을 것 같다.

역시 광고인의 매력은 뭐니 뭐니 해도 다양성과 역동성이다. 특
히 AE는 새로운 광고주를 만날 때마다 새로운 산업군, 브랜드,
경쟁구도, 커뮤니케이션 과제를 접하게 되는 것이 좋은 도전이자
기회이다. 게다가 커뮤니케이션 전략에서부터 카피, 이미지, 영
상, 음향, 분위기 등의 광고제작, 온오프라인의 프로모션, 이벤트
등의 BTL까지 폭넓은 영역에서 캠페인을 진행해 볼 수 있다는
점에서 의욕이 생기는 프로젝트다.

2005년 12월 2일

광고주 SK텔레콤과 함께 '2006 독일 월드컵' 캠페인에 대한 회
의를 했다. 2002년 'Be The Reds!' 캠페인으로 붉은 악마와 함
께 붉은 티셔츠를 입고, "짝짝짝 짝짝 대~한민국" 응원구호를 외
쳐 대성공을 거둔 SK텔레콤으로서는 이번에도 욕심이 큰 거 같
아서 부담스럽기도 하다.

2005년 12월 7일

'범국민적인 축제가 된 월드컵과 가장 가까운 기업 = SK텔레콤'으로 만들어 달라는 광고주의 요청사항에 대한 회의가 연일 계속되고 있다. 과연 어떻게 해야 할까?

고객들과 함께하는 기업시민으로서 축제의 장을 마련하자는 광고주의 의도는 순수하지만, 월드컵을 계기로 수많은 광고를 쏟아낼 다른 경쟁사들을 압도해야 한다는 마케팅상의 욕심은 치열하기만 하다.

2005년 12월 14일

오늘 전체 광고 캠페인 계획에 대한 협의를 마쳤다. 한 편의 광고가 광고주와 소비자를 설득하기까지는 많은 노력이 필요하다. 철저한 자료조사와 분석은 기본이고, 마케팅 전쟁에서 이길 수 있는 가장 효과적인 전략을 고민하고, 광고에 나타날 카피 한 줄, 이미지 한 컷을 놓고 카피라이터, 아트디렉터, PD 등과 끝없이 토의해야만 한다. 이 과정을 거쳐야만 소비자들을 웃고 울리면서 마음을 움직일 정교하고 강력한 광고 한 편이 탄생한다. 이러한 전 과정에서 명확한 중심을 갖춰 진행, 조율하고 협의하는 노력이 필요한 시점이 되었다.

2005년 12월 24일

2006 월드컵 캠페인의 첫 TV광고가 방송되는 날. 온 국민의 추억이 된 2002년 월드컵 당시의 열정적인 응원 장면을 편집한 제작팀의 아이디어는 감동적인 화면이 되었고, '우리는 대~한민국입니다' 라는 한 줄의

슬로건은 광고주와 온 국민을 하나로 묶어
주었다. 또한 월드컵이라는 화젯거리를 먼저
차지하려고 눈독 들이는 수많은 기업들보다 가
장 먼저 TV광고를 방송하기로 한 매체전략은
경쟁사들을 당황하게 만들었다. 이제 또 한 번의
광고 전쟁이 시작되었다.

2006년 1월 10일

월드컵에 대한 광고 기획 회의는 계속되고 있다. 2002년과 2006년의 월
드컵 분위기를 비교 분석하고, 미리 6월의 분위기를 앞서 내다봐야만
한다. 그리고 온 국민이 공감할 수 있는 광고는 어떤 것일지 고민한다.

2006년 1월 13일

가수 윤도현과 비, 국가대표 이영표, 박지성과 계약을 체결했다. AE로
서 모델 선정은 물론, 계약까지 모든 과정을 꼼꼼히 처리하느라 연말연
시를 잊었다.

2006년 2월 18일

윤도현의 '애국가 응원가' TV광고가 방송되었다. 2006년 월드컵을 맞
아 온 국민과 함께 할 수 있는 곡임이 틀림없다. 발표되자마자 각종 뉴
스에서 '응원가로서 애국가를 활용하는 것이 과연 옳은 일이냐?' 라는
사회적 이슈로 부각되었다. 윤도현 측과 함께 담당 AE로서 이번 '애국

가 응원가'에 대한 취지를 PR하기 위해 보도자료를 작성하고 각종 언론매체에 뿌렸다.

2006년 4월 5일

영국 맨체스터로 날아가 박지성을 촬영하고 돌아왔다. 촬영 현장에 AE로 참석하여 전체 제작과정이 기획방향에 부합되는지를 점검하는 것은 늘 부담되고 세심하게 이루어져야 하는 일이지만, 이번에는 특히 영국 현지에서 발생하는 돌발 상황에 대처해야 하는 어려움까지 더해졌다. 다행히 촬영은 무사히 이루어졌다.

해외출장, 광고모델, 촬영, TV에서 보이는 멋진 광고 등 이러한 화려함에 많은 사람들이 AE를 부러워한다. 하지만 늘 화려하기만 한 것은 아니라고 말해주고 싶다. 톡톡 튀는 광고인이라는 이미지와 더불어 광고계가 화려하다는 생각은 단순히 밖에서만 보여지는 모습이기 때문이다.

2006년 5월 20일

박지성이 붉은 응원리본을 들고 응원하는 모습의 TV 광고가 방송되는 날. 이번 월드컵에서 붉은 응원리본에 대한민국 축구팀의 승리를 염원하는 짧은 글을 적어 넣고 힘차게 흔들자고 국민들에게 제안한 것이다. 이제 국민들이 호응해 주기만을 바라고 있다.

2006년 6월 13일

2006 독일 월드컵 대한민극 첫 경기 토고전. 월드컵 응원의 첫선을 보

이는 날. 가슴이 벅차다. 그동안 TV와 신문을 통해 광고했던 결실을 보았다. 수십만 명이 서울광장에 모였고 붉은 응원리본을 흔들었고 애국가 응원가를 불렀다. 그 현장에서 그동안 함께 고생한 스탭프들과 벅찬 마음으로 함께 대한민국 축구를 응원했다. 목이 터질 것 같다.

역시 AE가 가장 큰 보람을 얻는 때는 광고를 통해 소비자와 교감할 때이다. 제품이나 광고가 좋은 평가를 받든, 매출량이 늘어나든, 기업이미지가 좋아지든 그 어떤 형태라 할지라도 그 현장에서 광고를 통해 소비자들과 교감하고 소비자 마음을 사로잡는 순간이다.

2006년 6월 24일

마지막 조별예선 스위스전. 16강 진출의 명암이 갈리는 순간. 마지막 경기에 따라 국민들의 분위기도 다를 터. 나의 손에도 16강에 진출했을 경우와 실패했을 경우 각각에 해당하는 신문광고 두 편이 들려 있다. 승패에 따라 빠르게 신문광고를 집행할 것이다. TV광고도 마찬가지다. 경기 결과에 따라 촌각을 다투는 상황, 긴박하다.

2006년 6월 25일

월드컵 16강 진출 실패로 월드컵 캠페인이 종료됐다. 광고의 형태는 여러 가지다. 제품 특징을 소개하거나 좋은 이미지를 만들기 위한 광고가 가장 일반적이다. 월드컵 캠페인은 제품광고로도 기업이미지 광고로도 분류하기 힘든 작업이었다. 하지만 어떠한 형태의 광고라 하더라도 AE는 누구보다도 그 프로젝트에 대한 열정이 있어야 한다. 그래야만 정말

깊은 고민을 하고, 많은 이들을 움직일 수 있는 아이디어를 내고
실행할 수 있기 때문이다. 그런 면에서 지난 6개월간 월드컵 캠
페인에 푹 빠져있었고, 그 덕분에 월드컵을 온 국민의 축제로 만
드는 데 조그만 기여를 했다는 점에서 참으로 보람차다.

영화를 만드는 숨은 일꾼, 스태프의 하루

영화감독은 영화 『대부』의 감독 코폴라가 말한 대로 "자유로운 영혼을 가진 최후의 직업"이기 때문이라서 그런지 최근 많은 젊은이들에게 동경의 대상이 되고 있다. 그러나 영화감독이 되는 길은 대부분 다년간에 걸친 조감독 생활과 같은 고된 영화 제작 스태프 일을 거치면서 훈련을 받아야 하는 것이 현재 우리나라 영화계의 실정이다. 특히 영화계 종사는 언론정보학과 출신들이 다른 전공 이수자에 비해 상대적 이점이 비교적 적은 직업이라고 볼 수 있다.

김순 영화 '더 게임'의 스태프

오전 10시. 늦게까지 침대에 누워 있는데 손전화가 울립니다. 모르는 번호. 명함은 뿌리고 전화는 받고 보던 버릇이 남아 잠결에 전화를 받습니다. 발신자는 까마득한 후배. 영화에 관심이 많아 선배의 전화번호를 얻어 용기 내서 걸었답니다. 나는 영화감독도 아니고 엊그제까지만 해도 감독님 샌드위치 심부름하고 왕복 8차선 도로에서 경광봉 흔들며 차량 통제하던 게 전부인데. 국립국어원에서 우리말 '일개(一介)'의 예문으로 사용하기 적당한 문장이 떠오릅니다. '전 감독이 아니라 일개 스태프일 뿐인걸요.' 일단 떨리는 목소리가 귀여워 눈을 비비며 일어나 통화에 응합니다. 사실 일어날 시간도 한참 지났으니까요.

후배의 용건은 호기심 천국입니다. "영화 현장에서 스태프가 하는 일은 뭐예요?", "영화 스태프를 하려면 어떻게 해야 하죠?", "실례지만 선배님 스태프 처우는 어떤가요? 소문대로 좋지 않은 편인가요?", "선배님 영화 하니까 어떠신가요?", "선배님은 영화 계속하실 건가요?"

후배의 질문은 끝이 없습니다. 현장에서 듣던 질문이라곤 '오늘 분량 몇 컷 남았어?', '스케줄 표 새로 나왔어?' 정도였는데. 덕분에 소 되새김질하듯 어떻게 지나갔는지도 모른 채 흘러갔던 날들이 떠오릅니다.

조명, 촬영, 미술, 의상 등 각기 다른 파트의 기술 스태프들과는 달리 저처럼 연출부에 포함된 스태프들은 잡다한 일을 맡습니다. 그래서 연출부를 부르는 별명이 있으니 그것은 바로 파출부. 책상 위에 놓인 시나리오를 구실 삼아 부지런히 운전도 하고, 자료도 찾고, 감독님 샌드위치도 사오고, 택배 받고 퀵 보내고, 아이디어도 궁리하고, 인터뷰하

고, 문서를 만들고, 회의를 하고, 보고를 하고, 사무실 청소를 하고, 분리수거도 하고, 대리주차를 하고, 영수증을 챙기고, 비디오 촬영을 하고, 편집을 하고, 팩스를 받고, 복사를 하며 시나리오 속 장면들을 만들기 위한 잡다한 준비를 하기 때문이지요. 배우 오디션도 보고, 대본 리딩도 하지만 저런 일들이 기본 업무인 셈이지요. 회사 생활을 하는 여느 직장인의 분주함과 크게 다를 바 없지요.

딱히 휴일이 없어 이발할 기회를 번번이 놓치는 바람에 엉겁결에 머리를 기르기도 하는 파출부 아니 연출부 스태프. 정식 계약조차 하지 않은 터라 수중에 들어온 돈도 들어올 돈도 전혀 없는 상황이 꽤 오래갑니다. 하지만 낙담하지 않습니다. 익히 들어왔던 배고픈 영화인! 맥주 광고 속 모델들처럼 꿈을 위해 열정으로 일하는 젊은 영화인이라기보다는, 식사는 매끼 사주니까 밥 먹고 일하고 또 밥 먹고 일하다 보면 누구 만나 놀 시간이 없다 보니 스스로 딱히 돈 못 버는 처지라는 것을 까먹고 지내는 편에 가깝기 때문입니다. 그러니 이러다 유야무야 제작이 취소되기라도 하면 빼도 박도 못하는 무일푼 신세가 되기 십상. 베트남 참전용사 아저씨의 무용담을 듣듯 몇 달을 휴일 없이 일하다가 빈손으로 해산해 본 선배들의 경험담을 들으며, 돈도 돈이지만 세 달이 될지 다섯 달이 될지 일곱 달이 될지 알 수 없는 준비기간이 허송세월되는 일만은 면하기 위해 모두 요령껏 부지런하게 열심히 달려듭니다.

그러다 보면 어느새 고사(告祀) 드리는 날이 옵니다. 가끔 영화 잡지나 『연예가중계』 같은 TV프로그램에서 볼 수 있는 고사 현장이지요. 어떤 영화가 무사히 촬영에 들어가게 될지 아닐지는 고사를 지내봐야 안다는 말이 있으니 제법 영화 촬영에 가까워진 셈입니다. 웃는 돼지 머리에 절을 하며 다들 설렘 반 긴장 반으로 디데이(D-day)인 크랭크인 날을 준비합니다.

크랭크인부터 시작되는 프로덕션(production), 즉 영화 촬영기간은 무전기 들고 뛰어다니고, 소리 지르고, 잠 못 자는 날들이지만 영화 제작의 꽃이라는 말을 온몸으로 실감할 수 있습니다. 물론 연출부는 파출부답게(?) 여전히 잡다한 일을 하느라 눈코 뜰 새 없지요. 계속 쌓이는 피로와 거듭 닥치는 난관에 힘들기도 하지만 꽤 흥미진진한 날들입니다. 부산에서 인천까지 전국 각지를 누비며 수많은 스태프들이 함께 밤샘 촬영을 하며 한 장면 한 장면 만들어 가는 날들이 석 달 넘게 이어집니다.

아차! 후배. 귀동냥한 풍월과 짧은 경험이 전부인 주제에 오랜만에 지나간 날들을 떠올리느라 횡설수설할 뿐 썩 좋은 대답을 못해준 선배는 자책합니다. 차라리 책을 추천해 줄걸 그랬나? 영화의 제작 과정에 관한 좋은 책들이 많다던데. 영화의 실제 제작과정을 꽤 상세하게 다뤘다는 〈영화

변방에서 영화 만들기〉라든지 영화 연출부 스태프를 위한 현장 지침을
정리한 핸드북이라는 〈영화 연출부 매뉴얼〉이라든지 말입니다. 후배에
게 미안하지만 어쩔 수 없지 하며 선배는 스스로 읊어놓은 두서없는 말
들이 꼭 영화 현장에서 정신없이 이리 뛰고 저리 뛰는 모습을 닮았다는
요령부득의 핑계를 떠올리며 이만 자리에서 일어납니다.

우리가 만드는
언론정보학의 미래

급속도로 변화하는
지식정보화 사회

우리는 미래학자 앨빈 토플러가 말한 '제3의 물결' 즉, 지식이나 정보가 가장 중요한 재화가 되는 정보혁명 시기를 경험하고 있다. 지식정보화 사회에서 가장 중추적인 역할을 하는 것은 정보나 지식을 전달해주는 시스템, 다시 말해 커뮤니케이션 체제다.

산업화된 사회에서 전체적으로 유통되는 정보의 많은 부분을 대중매체가 담당했고, 이 대중매체들의 역할과 기능 등을 공부하는 곳이 언론정보학과다. 그래서 신문, 방송, 영화, 잡지, 책 등의 대중매체를 연구하는 것이 언론정보학과의 주요 영역이 되었다.

그러나 사회가 산업사회에서 지식정보화사회로 바뀌면서 지식이나 정보를 매개하는 사회적 커뮤니케이션시스템이 변화하기 시작했다. 지금까지 안방의 왕자였던 텔레비전은 급속히 자신들의 영역을 잃어가고 있다.

불과 몇 년 전만 하더라도 크게 인기를 얻은 텔레비전 드라마의 경우

시청률이 50%를 쉽
게 넘어섰다. 이 말
은 전체 가구의 반
정도가 특정 드라마

역대 드라마 평균 시청률 베스트 20

를 본다는 것이다. 하지만 최근에는 시청률 30%만 넘겨도 아주 잘 나
온 것으로 치부한다. 다음 그림은 최근 우리나라에서 히트한 드라마
들의 평균 시청률을 나타낸 것인데, 전체적으로 하향추세임을 알 수
있다.

방송뿐만 아니라 신문도 마찬가지다. 독자들이 많이 떨어져 나가고
있다. 인터넷을 자유자재로 쓰는 젊은 층들은 뉴스를 종이신문을 통
해 읽지 않고 인터넷 포털의 뉴스기사로 접속해보고 있다. 블로그 뉴
스는 신문이나 방송보다 더 심층적이고도 생생한 뉴스를 제공하고 있
어 뉴스의 신문, 방송매체 독점력이 흔들리고 있는 실정이다.

예를 들어 2차 이라크전쟁 때 위성중계에 의한 CNN뉴스보다 '라에드
는 어디에' 라는 이라크에서 전해지는 인터넷 블로그 뉴스가 미 공군
의 참혹한 폭격 현장사진과 전쟁의 끔찍함을 더 빨리 현장의 목소리
로 전달하였다.

최근 우리나라 조사에 의하면 10~20대는 남녀를 불문하고 가장 많은
시간을 할애하는 여가활용 수단이 텔레비전이 아닌 인터넷이라고 나
타났다. 이제 제3의 물결 정보화혁명과 더불어 커뮤니케이션혁명 즉,
매체혁명도 함께 일어나고 있는 것이다.

매체혁명으로 인해 언론정보학과를 졸업한 후 갖게 될 미래 직업도 분야가 많이 달라질 것이다. 이 책을 읽는 여러분은 지금 또는 앞으로 10년 후까지만 잘 나가는 직업이 아니라 20년, 30년 후에도 장래가 보장되는 직업을 찾아야 한다.

지식정보화 사회에서 가장 중추적인 역할을 하는 것은 정보나 지식을 전달해주는 시스템, 다시 말해 커뮤니케이션 체제다.

지식박스

산업화 사회 vs 정보화 사회

산업화 사회	정보화 사회
물질, 자본, 토지	정보, 지식, 커뮤니케이션망
아톰(atom), 양	비트(bit), 질
힘, 문명	문화
투쟁, 전쟁, 국경 중시	영향, 종속, 국경 없는 국제화
획일화	다양화
대량생산과 소비	소량생산, 개인화된 소비
생산직종 우대	서비스와 정보 직종 우대
피라미드형 수직조직 형태	수평적 평등 조직형태
국내시장 우선, 산업보호	글로벌 다국적 기업
물질적 만족	정신적 만족

산업화 사회와 정보화 사회는 여러 가지 관점에서 많이 다르다. 과연 어떻게 다를까? 다음의 표는 차이점들을 서로 대비해 정리한 것이다. 정보화 사회의 특성을 잘 생각해보면 앞으로 어떤 분야로 진출해야 유리한지를 유추해볼 수 있다.

미국 노동부에서 2007년 12월에 발표한 '2016년의 직업 전망 보고서'에 따르면 매체 산업 분야에서 가장 고용전망이 밝은 쪽은 광고·홍보 분야로 10년간 약 14%의 성장률을 보일 것이라고 전망했다. 다음으로 방송 분야가 9%의 성장세를 보일 것이라고 했으며, 반대로 책, 신문, 잡지 등의 인쇄매체 분야는 같은 기간 동안 약 8% 감

소할 것이라고 추정했다.

성장세를 나타낸 산업에서도 세부 직종에 따라 비율이 달랐는데, 방송의 경우 멀티미디어 제작 관련 종사자들은 24%나 증가할 것이라고 본 반면, 아나운서 직종은 10% 가까이 감소할 것이라고 보았다. 마찬가지로 인쇄매체 분야에서도 편집자의 수요는 11%나 감소하지만, 기자나 작가의 수요는 3% 감소한다고 했다. 이것은 컴퓨터 편집 등에 의해 편집 수요는 상대적으로 대폭 감소하지만, 기사의 취재 필요성 등은 자동화가 힘들어 지금처럼 직접 발로 뛰는 취재기자에게 의존해야 한다는 것을 나타낸다.

융합사회,
언론정보학의 새로운 모습

앞으로 언론정보학 분야의 직업은 어떻게 변모할까? 아직은 넘실대는 제3의 물결 아래 있기 때문에 정확하게 예측할 수는 없지만, 최근 미디어 산업 현장에서 많은 사람들의 입에 오르내리는 핵심 키워드를 살펴보면 대충 짐작할 수 있다.

미디어 산업에서 최근 핵심 키워드는 바로 '융합'이다. 미디어 간 융합, 특히 신문과 방송 등과 같은 이질적 매체 간의 융합 또는 방송과 통신과 같은 비슷한 분야의 융합을 모두 나타낸다.

산업사회의 도래와 더불어 대중매체가 나타나면서부터 매체들은 분화되기 시작했다. 인쇄 기술에 의존하는 신문은 오래전부터 자신들의 영역을 확고히 다져왔고 20세기 들어서 전파전송 기술에 의존해 나타난 라디오나 텔레비전과 같은 방송매체는 전혀 다른 고유한 매체 영역을 만들어냈다. 같은 전파전송 기술을 사용하지만 전화나 무선전신과 같은 통신 기술은 도달영역, 전송대상, 방법 등이 방송과 달라 그

영역 또한 독립적으로 간주되었다.

하지만 현재 우리는 신문, 라디오, 텔레비전을 다른 매체를 사용해, 즉 집에 배달되는 종이신문을 읽거나, 라디오 수신기를 사용해 듣거나, 텔레비전 모니터를 통해 보지 않고 한곳에서 즉, 인터넷을 통해 모든 것을 다 읽고, 듣고, 볼 수 있다. 이것이 바로 매체 간 융합현상이고 더 적은 범위에서는 방송과 통신의 융합인 것이다.

이러한 융합을 가능하게 한 것은 디지털·컴퓨터 기술의 발전이다. 모든 정보나 메시지를 그것의 형태에 상관없이 0과 1이라는 디지털 코드를 사용해 변환시킬 수 있고, 이것은 컴퓨터를 사용하면 한곳에서 모두 처리할 수 있다. 더구나 인터넷이라는 네트워크를 사용하면 전 세계 컴퓨터와도 모든 지식과 정보를 주고받을 수 있다.

인간 문명의 역사는 지식과 정보를 더 쉽고, 빠르게, 그리고 넓게 전달하려는 기술의 발전과 더불어 발전해왔다. 종이의 발명, 인쇄술의 개발 그리고 전파를 사용한 방송 기술의 발견 등이 그것이다.

이제는 디지털 컴퓨터 기술과 인터넷 네트워크에 의해 모든 종류의 정보와 지식을 한데 묶어 전 세계적으로 유통시킬 수 있는 시대가 온 것이다. 이러한 융합 시대에서 신문, 방송, 영화, 책, 잡지 등과 같은 개별매체는 큰 의미가 없다. 그것이 활자로 나타나든, 영상으로 나타나든 그 안에 있는 지식이나 정보 다시 말해 내용, 즉 콘텐츠가 중요하고 이것을 어떤 수단을 통해 나를 것이냐가 중요해진 것이다.

다음으로 커뮤니케이션 소통단계에서 최종 수용자가 어떠한 기기를 사용해 메시지를 받을 것이냐에 대한 문제다. 이제는 기술의 발전으로 인해 커뮤니케이션 기기가 집 안에 붙박이로 있거나 들고 다니기 불편할 만큼 크고 무겁지 않다. 많은 수신 단말기가 이동과 휴대가 가능한 모바일 형태로 발전하였다.

이러한 최종 단말기에서의 메시지 수신환경의 변화는 인간 커뮤니케이션 체계에 큰 변화를 가져올 것이다.

그림에서 보여주는 것처럼 음성, 문자, 영상 등 서로 다른 형태의 메시지나 정보가 디지털 기술에 의해 한 형태의 정보로 둔인다. 그리고 지

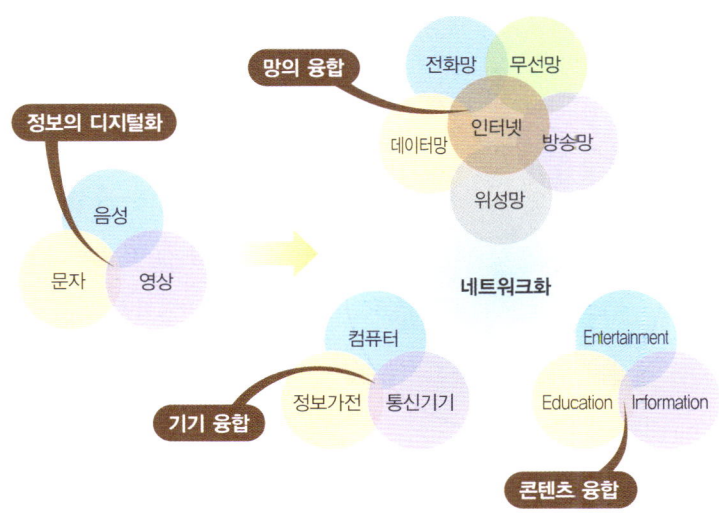

디지털 컴퓨터 기술의 발전에 따른 매체의 융합, 메시지의 융합, 그리고 단말기의 융합 현상

금까지 복잡하게 여러 다른 전달체계(망)에 의해 유통되었
던 정보가 인터넷망에 의해 단일화된다.

현재 우리가 다양한 기능을 갖춘 휴대전화나 PDP
등에서 보는 것처럼 텔레비전과 같은 가전제품 기능,
컴퓨터나 전화의 통신 기능 등이 결합된 단말기가 나타날
것이다. 콘텐츠도 예외는 아니다. 지금까지 구별되었
던 오락, 정보, 교육 장르의 콘텐츠가 서로 복합되어 정보도
주면서 교육적이고 또한 오락적 형태의 새로운 장르가 생길 것이다.

이러한 콘텐츠, 유통망, 단말기의 융·복합화 시대에는 신문기자나
방송기자의 구분이 필요 없고, 영화감독이나 텔레비전PD가 서로 다
르지 않다.

예를 들어, 신문기자는 더 이상 글로만 기사를 쓸 필요가 없다. 방송기
자와 마찬가지로 취재영상을 통해 자신의 기사를 보완할 수 있고, 이
것을 인터넷신문 사이트에 올리면 방송뉴스와 다를 바 없다.

마찬가지로 방송기자도 텔레티전 뉴스 속성상 1분 30초 내외로 끝내
야만 하는 뉴스기사를 인터넷방송 뉴스사이트에 해설기사를 덧붙여
올려놓음으로써 신문기사가 갖는 심층보도의 장점을 살릴 수 있게 된
다. 또한 영화감독과 PD 사이에도 더 이상 직업의 벽이 존재하지 않
는다.

따라서 언론정보학과를 졸업한 후 예전과 같이 매체에 따라 세분화된
직업을 갖는 것이 아니라 직종이 콘텐츠, 유통망, 단말기 분야로만 구

분되며 각각의 분야에서는 매체 구분 없이 자유롭게 일할 수 있을 것이다.

미디어 위주의 학과 교과목 커리큘럼을 이러한 변화추세를 반영해 개편한 두 가지 사례를 보여주고자 한다. 첫 번째 표는 전통적 미디어 중심 교육체제에 미디어 융·복합 추세를 반영한 커리큘럼으로 커뮤니케이션이론 관련 과목, 전통적 매체교육에 필요한 과목, 그리고 디지털 기술에 의한 매체 융·복합 현상을 고려한 새로운 교과목 등을 균형 있게 분배한 것이다.

영역	기초	심화	연구와 기획
이론과 방법론	커뮤니케이션의 이해 커뮤니케이션이론	비판 커뮤니케이션이론 커뮤니케이션 연구방법론 커뮤니케이션 통계분석	졸업논문 연구 커뮤니케이션 효과 연구 커뮤니케이션특강
커뮤니케이션	대인 커뮤니케이션 설득 커뮤니케이션	커뮤니케이션, 문명, 사회 변동 정치 커뮤니케이션 마케팅 커뮤니케이션 HCI와 커뮤니케이션	
미디어	방송과 현대 사회 디지털 커뮤니케이션	방송 분석 인터넷과 모바일미디어 미디어 테크놀로지의 역사 글로벌 커뮤니케이션	커뮤니케이션 정책 미디어 법률과 제도
문화와 영상	영상 커뮤니케이션 현대 문화의 이해	영상과 영화 분석 문화콘텐츠와 미디어	문화와 영상 기획
저널리즘	저널리즘의 이해 한국언론사	현대 저널리즘 이론과 분석 언론사상사	탐사보도 기획

Foundation	Workshop & Seminar	Project

문화콘텐츠의 이해			
영상 커뮤니케이션	스토리 빌딩	디지털 영상	콘텐츠 가공
			필드 스튜디오
디지털 미디어	멀티미디어	가상성, 상호작용	마케팅, 윤리
			창의 스튜디오
연구방법론	인터페이스	인터넷 기술	모바일 기술
			산학 스튜디오
정보기술 입문			

두 번째 표는 콘텐츠 분야만을 특화해 만들어진 커리큘럼이다. 여기서는 커뮤니케이션 소통현상을 다루는 이론적 과목이나 전통적 매체에 대해 배우는 교과목은 없고, 디지털 기술에 의해 새로 매체 영역에 포함된 게임, 애니메이션 등과 같은 콘텐츠 창작 분야가 추가로 포함되어 있다. 또한 이러한 교육에 필요한 창의성 개발 프로그램과 직접 현장에서 자신들의 창의성을 퀘스트하는 과목들도 있다.

이 두 커리큘럼에 나타난 것처럼 언론정보학 분야는 현재 급속히 발전하고 확대되고 있기 때문에 교과목에도 많은 변화가 생기고 있다. 그렇다고 신문, 방송, 잡지, 책과 같은 구매체가 10년 내지 20년 안에 사라지지는 않을 것이다.

따라서 구매체에 대한 학습은 필수불가결한 것이며, 매체의 변화 추세를 반영해 끊임없이 배워간다면 졸업 후 환경변화에 잘 적응하면서 자신의 진로를 찾을 수 있을 것이다.

우리가 만드는
언론정보학의 미래

급격히 변화하면서 영역이 확대되는 분야는 전
망이 있는 곳이다. 이런 분야는 자신의 꿈을 활
짝 펼칠 기회도 많이 제공한다. 한마디로 서부개
척 시대의 대평원과 같이 아직 사람의 손길이 도
달하지 않은 신천지가 여기저기 널려 있는 것
이다.

미디어 산업에서 최근 핵심 키
워드는 바로 '융합'이다. 미디어
간 융합, 특히 신문과 방송 등과
같은 이질적 매체 간의 융합 또
는 방송과 통신과 같은 비슷한
분야의 융합을 모두 나타낸다.

먼저 가서 깃발을 꽂고 '이건 내 땅' 하면 그만이
다. 신문, 방송과 같은 구매체 영역에서는 이
런 미개척지가 조금밖에 남아있지 않다. 하지만 디
지털 기술에 의해 확대 발전되는 영역은 땅도 넓고 개척할 곳도 많다.
탄탄대로로 잘 닦여져 있어 가기도 편하고 그래서 앞에 무엇이 기다
리고 있는지 짐작할 수 있는 길을 가겠는가? 아니면 닳은 기회와 위험
이 도사리고 있지만 꿈을 이룰 가능성이 더 많은 개척자의 길을 가겠
는가? 내가 여러분과 같은 나이였을 때 늘 듣던 말이 있었다. 'Boys,
Be ambitious!' 큰 꿈을 가지라는 말이다.

이제는 이것을 'Boys, Be adventurous'로 바꾸어야 할 때다. 여러분
앞에 펼쳐질 넓고 새로운 지식, 정보 커뮤니케이션의 미래 세계! 자,
피가 끓지 않는가!

교수님들의 학문 이야기

순간의 선택이 평생을 좌우한다
- 강남준 교수님 이야기

어려서부터 언론계에서 일하는 것이 꿈이었다. 당시에는 텔레비전이 사회적으로 그렇게 큰 영향력을 행사하는 매체가 아니었기 때문에 신문기자가 되고 싶었다. 아버님께서 공직에 계셨기 때문에 자연스레 집에서 신문을 많이 보았다. 지금도 아침에 일어나면 3~4개의 신문을 거의 다 훑어보지만 초등학교 3~4학년 때부터 신문을 매일같이 이 정도는 보았던 것 같다. 물론 최근에는 일반적 추세에 따라 종이신문을 읽는 시간이 점점 줄어들고 인터넷 포털에 올라온 뉴스기사를 더 많이 읽고 있다.

이렇게 신문이나 잡지 등을 많이 읽기 시작하면서 자연스럽게 언론계 직업, 특히 신문기자가 되고 싶다는 바람을 갖게 되었다. 세상에 널려 있는 모든 지식을 종합적으로 전달하는 신문을 많이 읽으면 여러 가지 좋은 점이 있다. 우선 박학다식하게 된다. 100억 광년 저 멀리 우주에 어떤 별이 있는지부터 올 여름에는 어떤 수영복 패션이 유행할 것

교수님들의
학문 이야기

인지에 이르기까지 모르는 것이 없게 된다.
그래서 초등학교 때부터 지금까지 나에게 붙
어 다니는 별명 중 하나가 '걸어 다니는 백과
사전'이었다. 물론 지금은 인터넷 지식검색
서비스가 워낙 잘되어 있어 살아있는 백과사전
이 필요 없게 되었지만 말이다. 다음으로는 글 쓰는 능력이 길러진다.
신문의 글은 우리나라 당대 최고의 글쟁이들이 쓴 것이다. 대학 논술
고사를 준비하는 데 꼭 읽어야 할 사설에서부터 일반 사건사고 뉴스
까지 모든 기사가 한정된 지면 안에 하고 싶은 말, 전해야 하는 정보를
다 집어넣어야 하기 때문에 웬만큼 잘 쓰지 않고는 신문기사로 내놓
을 수 없다. 문학작품을 쓰는 데는 얼마나 도움이 될지 모르지만 논리
적 글쓰기에는 신문 읽기가 크게 도움이 된다.

그런가 하면 나는 텔레비전도 열심히 본다. 우리 집에는 대형 텔레비
전 세트가 2대 그리고 텔레비전을 시청할 수 있는 PC, 노트북이 식구
마다 1대씩 있어 각자 보고 싶은 프로그램을 자기 방에서 본다. 거실
에 있는 제일 큰 텔레비전은 내가 집에 들어가면 내 차지가 되지만 그
순간 가족들은 뿔뿔이 흩어져 자기 방으로 간다. 온 가족이 모여 거실
에서 텔레비전을 시청할 때는 박지성이 나오는 맨유 경기중계 때뿐이
다. 그 밖에 30년 넘게 정기 구독하는 잡지 등 이것저것 읽을 것, 볼
것이 많다. 언론계에 종사하려면 '많이 보고, 많이 읽고, 많이 듣고,
많이 써야 한다'는 원칙을 어려서부터 습관적으로 지켜왔던 것 같다.

대학 졸업 후 언론사에 취업하기 위해 입사시험을 치렀다. 지금도 수백 대 일이 넘는 경쟁이지만 당시에도 250대 1이 넘었다. 입사시험은 논술, 영어, 일반상식으로 구성되었는데 논술은 그냥 글쓰기니까 평소부터 잘해왔고, 영어는 기본실력으로 쳐보고, 일반상식이야 도사니까 걱정 없고, 이런 마음으로 볼펜 두 자루 달랑 들고 시험 봐 합격했다. 지금 생각하면 호랑이 담배 피던 시절 얘기지만 평상시 늘 신문, 방송 등과 같은 언론매체를 자주 접해왔던 습관이 큰 도움이 되었던 것 같다. 당시 시험을 치를 때 신문사에 입사할 것이냐 아니면 방송사로 갈 것이냐에 대해 고민을 많이 했다. 그때는 텔레비전이 활성화되기 이전이라 신문기자를 하기로 마음을 굳히고 있었다. 그런데 후에 방송사 사장까지 지냈던 방송기자 선배가 취업은 10년이 아니라 20년, 30년 앞을 내다보고 해야 한다면서, 방송매체의 영향력이 앞으로 크게 확장될 테니 방송사에 가라고 권고해 주었다. 지금 생각하면 먼 미래를 내다보는 혜안을 이 선배가 갖고 있었던 것 같다. 그래서 방송사에 취직하려고 직종을 선택할 때 기자보다는 왠지 PD가 더 재미있을 것 같아 PD를 지원했다. 그래서 PD가 되었지만 여러 가지 이유로 1년도 채 안되어 그만두고 유학을 가 언론정보학과 교수가 되었다.

요즈음도 농담 삼아 당시 순간적으로 잘못된 선택 때문에 그 잘나가는 PD를 그만두고 지금 이 모양 이 꼴이 되었다고 한탄하곤 한다. 그렇지만 동료, 선배, 후배 PD들은 나보고 아주 잘 선택했다고 하면서 부러워하기도 한다. 교수든 PD든 자신이 만족하면 좋은 직업이 된다.

교수님들의
학문 이야기

조금이지만 이러한 경험이 언론정보학과 교수를 하는 데 큰 도움이 되었고 전공도 자연스레 방송학 분야로 결정되었다. 내 생각으로는 언론정보학 분야의 교수가 자기 전공 분야의 현장 경험을 쌓는 것은 아주 좋은 배경이 된다고 본다.

돌이켜 생각해 보면 한순간의 생각이나 선택이 인생진로를 크게 바꾸었던 것 같다. 이러한 선택이 즉흥적이거나 아무런 준비 없이 일어나면 문제지만 주변에서 좋은 충고를 해주는 선배나 지인 등이 있으면 크게 도움이 될 것이다. 내가 여기에 쓴 글들이 이런 역할을 독자에게 해준다면 더 이상 바랄 것이 없겠다. 물론 선택은 언론정보학과라는 가정하에서다. 절대로 후회하지 않는 선택이 될 것이며 미래를 위한 올바른 선택이 될 것으로 확신한다.

커뮤니케이션학으로의
자연스러운 끌림
-윤석민 교수님 이야기

나는 1981년에 대학에 입학했고 그 다음해에 언론정보학(커뮤니케이션학)을 전공으로 선택하였다. 돌이켜 보면 나의 인생에서 가장 중요했던 기간은 대학 학부 재학시절이었다고 생각된다. 당시 우리 사회는 정치적으로 매우 혼란스러웠다. 대학 캠퍼스에서는 하루가 멀다 하고 격렬한 시위가 벌어졌다. 투석전에 최류탄까지 학교는 전쟁터와 다름없었다.

이 시기에 나는 다양한 사회과학 서적을 탐독하고, 여러 지역 출신의 친구들과 사회적 현실을 고민하고 토론하는 소중한 경험을 가질 수 있었다. 고등학교에 다닐 때까지 우리 사회의 현실에 대해 아무런 의식도 없이 얌전한 학생의 하나로 입시 공부에만 매진하던 나에게 갑작스레 자각하게 된 우리 사회의 여러 문제들은 실로 큰 충격으로 다가왔다. 나는 적극적인 시위 가담자는 아니었다. 하지만 한국 사회의 모순에 분노를 느끼고, 이에 맞서는 시위대에 박수를 보내며, 사회혁

교수님들의
학문 이야기

명과 진보의 이상에 가슴 뛰는 뜨거운 마음의 소유자로 때로 좌절하고 방황하며 80년대 초반 격동기 대학시절을 보냈다.

이러한 이유로 내가 언론정보학을 전공으로 선택했을 때 그 일차적 동기는 언론을 통한 사회변화의 실천이었다. 하지만 언론정보학의 기초를 구성하는 이론과 방법론의 전공교육을 받으면서 '언론'을 포함해 다양하고 근본적인 소통현상을 과학적으로 분석하는 커뮤니케이션학 전공에 표현하기 어려운 매력을 느끼고 본격적으로 학문의 길로 들어서겠다는 의지를 굳히게 되었다. 이러한 이유로 졸업이 임박해 같은 학과의 친구들이 향후 진로를 놓고 고민하던 것과는 달리 나는 큰 망설임 없이 대학원 진학을 결심하였다.

나의 석사 과정은 한 가지를 제외하고는 강의실과 대학원 연구실, 그리고 도서관을 오가는 전형적인 대학원 생활이었던 것으로 기억한다. 그 한 가지는 '정보사회의 도전과 대응'이라는 대규모 학제 간 연구사업에 참여하게 된 일이다. 컴퓨터와 통신기술의 발전에 따라 도래하게 되는 꿈과 같은 정보사회의 전망은 언론학의 여러 분야 중 뉴미디어(new media)로 통칭되는 분야에 관심을 갖게 된 직접적인 계기가 되었다.

하지만 뉴미디어에 대한 더욱 깊이 있는 연구는 당시 우리나라에서는 가능한 일이 아니었다. 이에 나는 미디어 산업과 정책이 더욱 발전한 선진국으로 유학을 가서 뉴미디어에 대해 체계적인 공부를 해야겠다는 계획을 세우게 되었다.

대학원 석사과정을 마친 후 나는 뉴미디어 정책 연구기관에서 일 년 반 정도 연구경험을 쌓다가 미국으로 유학을 떠나게 되었다. 처음 입학한 곳은 미국 중서부 미시간 주의 앤아버 시에 소재한 미시간 대학교였다. 그곳에서 2학기를 보낸 후 뉴미디어 분야로 더욱 특화된 이스트랜싱에 소재한 미시간 주립대학교로 전학하여 유학생활의 대부분을 그곳에서 보냈다.

누구나 그렇듯 유학시절은 어려움과 보람이 함께하는 시기였다. 이 기간 동안 나는 오랜 세월을 함께해 온 지금의 아내를 만나 첫째 아이를 낳아 키우면서 두 사람 모두 풀타임 학생으로 공부하였다. 비록 하루하루 바쁘고 긴장된 생활로 몸은 고단했지만 정신적으로는 전공과 관련된 자료를 맘껏 섭렵하며 지식을 살찌울 수 있어 그 어느 때보다 풍요로운 기간이었다.

내가 당시 관심을 가졌던 주제는 20세기 들어 가장 큰 영향력을 지닌 매체였던 방송이 케이블이나 위성 등 새로운 기술의 발전에 따라 어떠한 변화를 겪고 있고 그에 따라 사람들의 방송시청행태와 그에 따른 효과는 어떻게 달라지며, 이때 새롭게 대두하는 사회적 쟁점은 무엇인지라는 문제였다. 방송매체가 다양해지고 채널이 많아지면서 사람들이 TV를 더욱 많이 보고, 그중에서도 주로 오락적인 프로그램들을 탐닉하게 되면 사회 내 주요 사안들에 대한 충분한 뉴스와 정보전

달이 이루어지게 될지, 건강한 사회 여론이 형성될 수 있을지, 더 나아가 수많은 사람들의 숭고한 희생과 노력의 결과로 힘들게 건설해 온 시민 민주주의가 건강하게 유지될 수 있을지와 같은 문제가 그것이다. 우리 국민들 중 대다수, 특히 이제는 중고등학생으로 훌쩍 성장한 나의 아이들과 같은 대다수의 청소년들이 『무한도전』, 『1박2일』과 같은 오락프로그램에 빠져 있는 현실을 보면 어쩔 수 없이 이런저런 걱정을 갖게 된다.

커뮤니케이션 현상의 탐구, 그리고 커뮤니케이션 현상에 대한 교육이 얼마나 막중한 이 시대의 사명인지를 새삼 강조할 필요는 없을 것이다. 나는 대학시절, 비록 짧은 기간이긴 했지만 우리 사회의 현실 문제 해결에 커뮤니케이션 전공이 기여하는 바가 적다는 실망감을 느꼈던 적이 있다. 하지만 이는 얼마나 우스운 착각이었던가? 커뮤니케이션학을 공부한 지 사반세기 이상이 지난 지금도 여전히 커뮤니케이션과 관련된 지식의 깊이와 크기도 너무도 깊고 커서 나에게 한없이 아득한 느낌으로 다가온다. 동시에 우리 시대, 우리 사회의 현실이 전개되는 역사현장의 최전선에 다양한 커뮤니케이션의 실천들이 거친 숨결을 내뿜고 있다. 냉철한 이성과 뜨거운 가슴을 지닌 21세기 우리 사회 꿈나무들이라면 대학에서의 전공분야로 커뮤니케이션학의 문을 힘차게 두드려 보기 바란다.

언론정보학 관련 학과가 있는 대학들

서울	4년제	건국대, 경기대, 경희대, 동국대, 서강대, 서울대, 서울여대, 성공회대, 성균관대, 성신여대, 세종대, 숭실대, 연세대, 이화여대, 중앙대, 한양대
	2년제	인덕대
부산	4년제	경성대, 고신대, 동명대, 동아대, 동의대, 부경대, 부산대, 신라대, 영산대, 화신사이버대
대구	4년제	경북대, 계명대, 대구대, 대구가톨릭대
	2년제	수성대
인천	4년제	인천대
	2년제	한국폴리텍대학 인천캠퍼스
광주	4년제	광주대, 전남대, 조선대, 호남대
대전	4년제	배재대
제주도	4년제	제주대
	2년제	제주한라대(방송영상과)
경기도	4년제	대진대, 평택대, 한세대, 한양대 안산캠퍼스
	2년제	신구대

언론정보학과는 학교에 따라 신문방송학과, 광고홍보학과 등의 명칭으로 개설되어 있습니다.
[자료출처: 대한교육협의회 대학정보공시센터 학교별 학부/과(전공)리스트(2014년 9월)]

강원도	4년제	가톨릭관동대, 강원대, 한라대
충청도	4년제	건국대, 건양대, 공주대, 극동대, 나사렛대, 남서울대, 상명대, 서원대, 선문대, 세명대, 순천향대, 영동대, 중부대, 청운대, 청주대, 한서대, 호서대
	2년제	강동대, 대원대, 백석문화대, 충청대
전라도	4년제	동신대, 전북대
경상도	4년제	경남대, 경주대, 인제대, 창원대

나의 미래 계획 다이어리

나를 알아보는 단계

미래 계획을 세우기 전에 나를 알아보는 것은 중요하다. 재능 있는 사람도 즐기는 사람을 당할 수 없다고 한다. 내가 가장 좋아하고 잘할 수 있는 일은 무엇일까? 자, 자신이 좋아하는 일들로 지면을 가득 채워보자!

난 게임이라면 자신 있어!
이래 봬도 고수란 말씀!

게임 얘기
할 줄 알았어.
난 놀고먹는 게
제일 좋은데
어쩌냐~

보너스 문제

이것만은 절대 못 하겠다!

다른 건 어떻게 해보겠는데, 정말 하기 싫은 것이 있을 것이다.
눈치 보지 말고, 마음껏 적어보자!

본격적인 계획 단계- 목표 설정

나에 대해 알아보았으니 이제 본격적으로 자신만의 맞춤 계획을 세워보자. 먼저 자신이 무엇을 하고 싶은지 적어보자. 목표가 확실하지 않으면 계획을 진행하기 어렵기 때문에 신중히 생각해야 한다.

부자가 되는 것도 좋지만, 실현 가능한 목표를 세우는 것이 중요해. 그러기 위해서는 좀 더 구체적으로 생각하는 게 좋겠지?

나는 부자가 될 거야!

실행 단계

목표를 정했으니 이제 거침없이 계획을 진행해 보자. 자신이 세운 목표를 이루기 위해서는 어떤 일들을 해야 하는지 적어보자.

나의 목표 - 방학 동안 체중 5kg 감량

계획

저녁은 오후 7시 이전에 먹는다. → 저녁은 안 먹지만 야식은 먹었다.
일주일에 3번 이상 줄넘기를 한다. → 일주일에 3번 이상 줄만 간신히 넘겼다.
군것질을 줄인다. → 군것질은 줄었지만 외식이 늘었다.

단, 계획이 잘 실행되고 있는지 수시로 체크하는 것이 중요하다!

10년 후 나의 모습

이렇게 계획을 세우는 것만으로도 마음이 든든하다. 이 든든한 마음을 가지고 10년 후 자신의 모습을 생각해 보자!

파티시에가 되어서 사람들에게
꿈과 희망도 같이 나눠주고 있을 것 같아!
상상만으로 빵 냄새가 솔솔 나는 것 같아.

와~ 그럼,
나 빵 많이
주어야해!
공짜로~

강남준 교수님은...
현재 서울대학교 언론정보학과에서 방송 산업, 시장동향, 수용자 보호 대책 등을 연구하고 있으며, 사회통계의 전문가이 기도 한다. 뿐만 아니라 동시에 공공기관, 업체 등을 넘나들며 연구와 자문활동을 활발히 하고 있다.

윤석민 교수님은...
현재 서울대학교 언론정보학과에서 커뮤니케이션 이론과 미디어 정책을 연구하고 있다. 이상적 커뮤니케이션의 실현이 야말로 사회 발전의 궁극적인 실마리라는 생각으로 현실 속의 골치 아픈 커뮤니케이션 문제들을 끄집어내 연구, 토론, 교 육하는 일로 하루하루 여념이 없다.

나의 미래 공부 11

MT 언론정보학

초판 1쇄 펴낸날 2008년 6월 30일
초판 5쇄 펴낸날 2019년 4월 30일

저자 강남준, 윤석민
펴낸이 서경석
책임편집 정재은 **마케팅** 서기원 **제작·관리** 서지혜, 이문영
디자인 All Design Group **일러스트** 문수민
펴낸곳 청어람장서가 **출판등록** 2009년 4월 8일(제 313-2009-68호)
주소 경기도 부천시 부일로483번길 40 서경빌딩 3층(14640)
전화 032)656-4452 **팩스** 032)656-9496

정가 13,000원
ISBN 979-89-93912-58-6 44070
      979-89-93912-66-1(세트)